春秋經傳集解

四部備要

經部

中華書局據相臺岳氏家塾本校刊

桐鄉陸費逵總勘
杭縣高時顯 吳汝霖輯校
杭縣丁輔之監造

春秋經傳集解僖公中第六

杜氏註　盡二十六年

經十有六年春王正月戊申朔隕石于宋五隕落也聞其隕視之石數之五各隨其聞見先後而記之莊七年星隕如雨見星之隕而隊於四遠若山若水不見在地之驗此則見在地之驗而不見始隕之星史各據事而書○〔數〕色主反〔隊〕直類反是月六鷁退飛過宋都是月隕石之月重言是月嫌同日鷁水鳥高飛遇風而退宋人以為災告於諸侯故書○〔鷁〕五歷反〔過〕古禾反〔重〕直用反三月壬申公子季友卒無傳稱字者貴之公與小斂故書日夏四月丙申鄫季姬卒無傳○〔鄫〕似陵反秋七月甲子公孫茲卒無傳冬十有二月公會齊侯宋公陳侯衛侯鄭伯許男邢侯曹伯于淮臨淮郡左右

傳十六年春隕石于宋五隕星也但言星則嫌星使石隕故重言隕星六鷁退飛過宋都風也六鷁遇迅風而退飛風高不爲物害故不記風之異周內史叔興聘于宋宋襄公問焉曰是何祥也吉凶焉在祥吉凶之先見者襄公以爲石隕鷁退能爲禍福之始故問其所在對曰今茲魯多大喪今茲此歲明年齊有亂君將得諸侯而不終魯喪齊亂宋襄公不終別以政刑吉凶他占知之退而告人曰君失問是陰陽之事非吉凶所生也言石隕鷁退陰陽錯逆所爲非人所生襄公不知陰陽而問人事故曰君失問叔興自以對非其實恐爲有識所譏故退而告人吉凶由人吾不敢逆君故也積善餘慶積惡餘殃故曰吉凶由人君問吉凶不敢逆之故假他占以對夏齊伐厲不克救徐而還十五年齊伐厲以救徐秋狄侵晉取狐廚受鐸

涉汾及昆都因晉敗也狐廚受鐸昆都晉三邑平陽臨汾縣西北有狐谷亭汾水出大原南入河王以戎難告于齊齊徵諸侯而戍周十一年戎伐京師以來遂爲王室難冬十一月乙卯鄭殺子華終管仲之言事在七年十二月會于淮謀鄫且東略也鄫爲淮夷所病故城鄫役人病有夜登丘而呼曰齊有亂不果城而還役人遇厲氣不堪久駐故作妖言○〔呼〕火故反〔還〕音旋

經十有七年春齊人徐人伐英氏夏滅項項國今汝陰項縣公在會別遣師滅項不言師諱之秋夫人姜氏會齊侯于卞卞今魯國卞縣○〔卞〕皮彥反九月公至自會公既見執于齊猶以會致者諱之冬十有二月乙亥齊侯小白卒與僖公八同盟赴以名

傳十七年春齊人爲徐伐英氏以報婁林之役也英氏楚與國婁林役在十五年夏晉大子圉爲質於秦秦歸河東而妻之秦征河東置官司在十五年惠公之在梁也梁伯妻之梁嬴孕過期過十月不產懷子曰孕○過古禾反卜招父與其子卜之卜招父梁大卜○招上遙反其子曰將生一男一女招曰然男爲人臣女爲人妾故名男曰圉女曰妾圉養馬者不聘曰妾及子圉西質妾爲宦女焉宦事秦爲妾師滅項師魯師淮之會公有諸侯之事未歸而取項淮會在前年冬諸侯之事會同講禮之事齊人以爲討而止公內諱執皆言止秋聲姜以公故會齊侯于卞聲姜僖公夫人齊女九月公至書曰至自會猶有諸侯之事焉且諱之

也。恥見執。故託會以告廟。齊侯之夫人三。王姬。徐嬴。蔡姬。皆無子。齊侯好內。多內寵。內嬖如夫人者六人。長衛姬生武孟。武孟。公子無虧。○〔好〕呼報反。少衛姬生惠公。公子元。鄭姬生孝公。公子昭。葛嬴生昭公。公子潘。密姬生懿公。公子商人。宋華子生公子雍。華氏之女。子姓。○〔華〕戶化反。公與管仲屬孝公於宋襄公。以爲大子。雍巫有寵於衛共姬。因寺人貂以薦羞於公。雍巫。雍人。名巫。卽易牙。○〔屬〕音燭。〔共〕音恭。亦有寵。公許之立武孟。易牙既有寵於公。爲長衛姬請立武孟。管仲卒。五公子皆求立。冬十月乙亥。齊桓公卒。乙亥。月八日。易牙入。與寺人貂因內寵以殺羣吏。內寵。內官之有權寵者。而立公子無虧。孝公奔宋。十二月

乙亥赴辛巳夜殯六十七日乃殯

經十有八年春王正月宋公曹伯衛人邾人伐齊納孝公夏師救齊無傳五月戊寅宋師及齊師戰于甗齊師敗績無虧既死曹衛邾先去魯亦罷歸故宋師獨與齊戰不稱宋公不親戰也大崩曰敗績甗齊地〇〔甗〕魚免反又音言一音彥狄救齊無傳救四公子之徒秋八月丁亥葬齊桓公十一月而葬亂故八月無丁亥日誤冬邢人狄人伐衛狄稱人者史異辭傳無義例

傳十八年春宋襄公以諸侯伐齊三月齊人殺無虧以說宋〇〔說〕音悅又如字鄭伯始朝于楚中國無霸故楚子賜之金既而悔之與之盟曰無以鑄兵楚金利故故以鑄三鐘古者以銅

爲兵。傳言楚無霸者遠略。齊人將立孝公不勝四公子之徒遂與宋人戰。○無虧已死故曰四公子。〔勝〕音升。又升證反。夏五月宋敗齊師于甗立孝公而還秋八月葬齊桓公孝公立而後得葬。冬邢人狄人伐衛圍菟圃衛侯以國讓父兄子弟及朝衆曰苟能治之燬請從焉燬衛文公名。○〔菟〕音徒。衆不可不聽衛侯讓。而後師于訾婁陳師訾婁。訾婁衛邑。○〔訾〕子斯反。〔婁〕郎句反。又郎鉤反。狄師還獨言狄還。則邢留距衛。言邢所以終爲衛所滅。梁伯益其國而不能實也多築城邑而無民以實之。命曰新里秦取之

經十有九年春王三月宋人執滕子嬰齊稱人以執。宋以罪及民告。例在成十五年。傳例不以名爲義。書名及不書名。皆從赴。夏六月宋公曹人邾

人盟于曹南。無傳。曹雖與盟而猶不服。不肯致餼。無地主之禮。故不以國地而曰曹南。所以無及秋而見圍。

鄫子會盟于邾。不及曹南之盟。諸侯既罷。鄫乃會之於邾。故不言如會。

己酉。邾人執鄫子用之。稱人以執。宋以罪及民告也。鄫雖失大國會盟之信。然宋用之。爲罰已虐。故直書用之。言若用畜產也。不書社。赴不及也。不書宋使邾。而以邾自用爲文。南面之君善惡自專。不得託之於他命。○〔畜〕許又反。

秋。宋人圍曹。衛人伐邢。伐邢在圍曹前。經書在後。從赴。

冬。會陳人、蔡人、楚人、鄭人盟于齊。地於齊。齊亦與盟。

梁亡。以自亡爲文。非取者之罪。所以惡梁。

傳。十九年。春。遂城而居之。承前年傳取新里。故不復言秦也。爲此冬梁亡傳。

宋人執滕宣公。夏。宋公使邾文公用鄫子于次睢之社。欲以屬東夷。睢水受汴。東經陳留、梁、譙、沛、彭城縣入泗。此水次有妖神。東夷皆社祠之。

蓋殺人而用祭。○[睢]音雖。[屬]朱欲反。司馬子魚曰。古者六畜不相爲用。司馬子魚。公子目夷也。六畜不相爲用。謂若祭馬先。不用馬。○[畜]許又反。小事不用大牲。而況敢用人乎。祭祀以爲人也。民神之主也。用人其誰饗之。齊桓公存三亡國以屬諸侯。三亡國。魯衛邢。義士猶曰薄德。謂欲因亂取魯。緩救邢衛。今一會而虐二國之君。宋公三月以會召諸侯。執滕子。六月而會盟。其月二十二日執鄫子。故云一會而虐二國之君。又用諸淫昏之鬼。非周社故。將以求霸。不亦難乎。得死爲幸。恐其亡國。秋衛人伐邢。以報菟圃之役。邢不速退。所以獨見伐。於是衛大旱。卜有事於山川。不吉。有事。祭也。甯莊子曰。昔周饑。克殷而年豐。今邢方無道。諸侯無伯。伯。長也。天其或者欲使衛討邢乎從之師興而雨宋人圍曹討不服也 曹南盟不脩地主之禮故 子魚言於宋公曰文王聞崇德亂而伐之軍三旬而不降 崇崇侯虎 退脩教而復伐之因壘而降 復往攻之備不改前而崇自服〔復〕扶又反 ○詩曰刑于寡妻至于兄弟以御于家邦 詩大雅言文王之教自近及遠寡妻嫡妻謂大姒也刑法也○〔御〕如字治也詩五嫁反迎也 今君德無乃猶有所闕而以伐人若之何盍姑內省德乎無闕而後動陳穆公請脩好於諸侯以無忘齊桓之德冬盟于齊脩桓公之好也 宋襄暴虐故思齊桓 梁亡不書其主自取之也 不書取梁者主名 初梁伯好土功亟城而弗處民罷而弗堪則曰某寇將至乃溝公宮 溝塹○〔亟〕欺冀反〔罷〕音皮

曰秦將襲我民懼而潰秦遂取梁

經二十年春新作南門魯城南門也本名稷門僖公更高大之今猶不與諸門同改名高門也言新以易舊言作以興事皆更造之文也夏郜子來朝無傳郜姬姓國○〔郜〕古報反五月乙巳西宮災無傳西宮公別宮也天火曰災例在宣十六年鄭人入滑入例在襄十三年○〔滑〕于八反秋齊人狄人盟于邢冬楚人伐隨

傳二十年春新作南門書不時也失土功之時凡啓塞從時門戶道橋謂之啓城郭牆塹謂之塞皆官民之開閉不可一日而闕故特隨壞時而治之今僖公脩飾城門非開閉之急故以土功之制譏之傳嫌啓塞皆從土功之時故別起從時之例滑人叛鄭而服於衛夏鄭公子士洩堵寇帥師入滑公子士鄭文公

子洩堵寇鄭大夫○〔洩〕息列反秋齊狄盟于邢為邢謀衛難也於是衛方病邢隨以漢東諸侯叛楚冬楚鬬穀於菟帥師伐隨取成而還君子曰隨之見伐不量力也量力而動其過鮮矣善敗由己而由人乎哉詩曰豈不夙夜謂行多露詩召南言豈不欲早暮而行懼多露之濡己以喻違禮而行必有汙辱是亦量宜相時而動之義○〔穀〕奴口反〔於〕音烏〔菟〕音徒宋襄公欲合諸侯臧文仲聞之曰以欲從人則可屈己之欲從眾之善以人從欲鮮濟為明年鹿上盟

傳

經二十有一年春狄侵衛無傳為邢故宋人齊人楚人盟于鹿上鹿上宋地汝陰有原鹿縣宋為盟主故在齊人上夏大旱雩不獲雨故書旱自

夏及秋五稼皆不收秋宋公楚子陳侯蔡侯鄭伯許男曹伯會
于盂盂宋地楚始與中國行會禮故稱爵執宋公以伐宋不言楚執宋公者宋無德
而爭盟爲諸侯所疾故揔見衆國共執之文冬公伐邾無傳爲邾滅須句故○〔句〕其俱反傳
同楚人使宜申來獻捷無傳獻宋捷也不言宋者秋伐宋冬來獻捷事不異年從
可知不稱楚子使來不稱君命行禮十有二月癸丑公會諸侯盟于薄
釋宋公諸侯既與楚共伐宋宋服故爲薄盟以釋之公本無會期聞盟而往故書公會諸侯
傳二十一年春宋人爲鹿上之盟以求諸侯於楚楚
人許之公子目夷曰小國爭盟禍也宋其亡乎幸而
後敗謂軍敗夏大旱公欲焚巫尫巫尫女巫也主祈禱請雨者或以爲尫非
巫也瘠病之人其面上向俗謂天哀其病恐雨入其鼻故爲之旱是以公欲焚之○〔尫〕烏黄反臧文

仲曰非旱備也脩城郭貶食省用務穡勸分穡儉也勸分有
無相濟○〔貶〕彼檢反此其務也巫尫何爲天欲殺之則如勿生
若能爲旱焚之滋甚公從之是歲也饑而不害不傷害民
秋諸侯會宋公于盂子魚曰禍其在此乎君欲已甚
其何以堪之於是楚執宋公以伐宋冬會于薄以釋
之子魚曰禍猶未也未足以懲君爲二十二年戰泓傳任宿須
句顓臾風姓也實司大皞與有濟之祀司主也大皞伏羲四國伏
羲之後故主其祀任今任城縣也顓臾在泰山南武陽縣東北須句在東平須昌縣西北四國封近於濟
故世祀之○〔任〕音壬〔皞〕胡老反〔濟〕子禮反以服事諸夏與諸夏同服王事邾人滅
須句須句子來奔因成風也須句成風家成風爲之言於

公曰崇明祀保小寡周禮也明祀大皞有濟之祀保安也○[爲]于僞反蠻夷猾夏周禍也此邾滅須句而曰蠻夷昭二十三年叔孫豹曰邾又夷也然則邾雖曹姓之國迫近諸戎雜用夷禮故極言之猾夏亂諸夏若封須句是崇皞濟而脩祀紓禍也紓解也爲明年伐邾傳○[紓]音舒

經二十有二年春公伐邾取須句須句雖別國而削弱不能自通爲魯私屬若顓臾之比魯謂之社稷之臣故滅奔及反其君皆略不備書唯書伐邾取須句夏宋公衞侯許男滕子伐鄭秋八月丁未及邾人戰于升陘升陘魯地邾人恥公胄于魚門故深恥之不言公又不言師敗績冬十有一月己巳朔宋公及楚人戰于泓宋師敗績泓水名宋伐鄭楚救之故戰也楚告命不以主帥人數故略稱人

傳二十二年春伐邾取須句反其君焉禮也得恤寡小之禮

三月鄭伯如楚夏宋公伐鄭子魚曰所謂禍在此矣怒鄭至楚故伐之爲下泓戰起初平王之東遷也周幽王爲犬戎所滅平王嗣立故東遷洛邑辛有適伊川見被髮而祭於野者辛有周大夫伊川周地伊水也曰不及百年此其戎乎其禮先亡矣被髮而祭有象夷狄秋

秦晉遷陸渾之戎于伊川允姓之戎居陸渾在秦晉西北二國誘而徙之伊川遂從戎號至今爲陸渾縣也計此去辛有過百年而云不及百年傳舉其事驗不必其年信○〔渾〕戶門反一胡困反晉大子圉爲質於秦將逃歸謂嬴氏曰與子歸乎嬴氏秦所妻子圉懷嬴也○〔質〕音致〔妻〕七計反對曰子晉大子而辱於秦子之欲歸不亦宜乎寡君之使婢子侍執巾櫛婢子婦人

之卑稱也○〔櫛〕側乙反〔稱〕尺證反以固子也從子而歸弃君命也不敢從亦不敢言遂逃歸傳終史蘇之占富辰言於王曰請召大叔富辰周大夫大叔王子帶十二年奔齊詩曰協比其鄰昏姻孔云詩小雅言王者為政先和協近親則昏姻甚相歸附也鄰猶近也孔甚也云旋也吾兄弟之不協焉能怨諸侯之不睦王說王子帶自齊復歸于京師王召之也傳終仲孫湫之言也為二十四年天王出居于鄭起○〔湫〕子小反邾人以須句故出師公卑邾不設備而禦之卑小也○〔禦〕魚呂反臧文仲曰國無小不可易也無備雖衆不可恃也詩曰戰戰兢兢如臨深淵如履薄冰詩小雅言常戒懼又曰敬之敬之天維顯思顯明也思猶辭也命不易哉周頌言有國宜敬戒天明

臨下奉承其命甚難先王之明德猶無不難也無不懼也況我
小國乎君其無謂邾小蠭蠆有毒而況國乎弗聽八
月丁未公及邾師戰于升陘我師敗績邾人獲公冑
縣諸魚門冑兜鍪魚門邾城門楚人伐宋以救鄭宋公將戰大
司馬固諫曰天之棄商久矣君將興之弗可赦也已
大司馬固莊公之孫公孫固也言君興天所棄必不可不如赦楚勿與戰弗聽冬十一月
己巳朔宋公及楚人戰于泓宋人既成列楚人未既
濟未盡渡泓水司馬曰子魚也彼衆我寡及其未既濟也請
擊之公曰不可既濟而未成列又以告公曰未可既
陳而後擊之宋師敗績公傷股門官殲焉門官守門者師行則

〔注〕君左右殲盡也○〔陳〕直覲反〔殲〕子廉反國人皆咎公公曰君子不重傷
不禽二毛二毛頭白有二色古之爲軍也不以阻隘也不因阻隘
以求勝寡人雖亡國之餘宋商紂之後不鼓不成列恥以詐勝子
魚曰君未知戰勍敵之人隘而不列天贊我也勍強也言
楚在險隘不得陳列天所以佐宋阻而鼓之不亦可乎猶有懼焉雖因
阻擊之猶恐不勝且今之勍者皆吾敵也雖及胡耇獲則取
之何有於二毛今之勍者謂與吾競者胡耇元老之稱明恥教戰求殺
敵也明設刑戮以恥不果傷未及死如何勿重言尚能害己若愛重
傷則如勿傷愛其二毛則如服焉言苟不欲傷殺敵人則本可不須鬬
三軍以利用也爲利興金鼓以聲氣也鼓以佐士衆之聲氣利而

用之阻隘可也聲盛致志鼓儳可也儳，巖未整陳。○〔儳〕仕銜反。丙子晨鄭文夫人芈氏姜氏勞楚子於柯澤楚子還過鄭，鄭文公夫人芈氏，楚女。姜氏，齊女也。柯澤，鄭地。○〔芈〕彌爾反。〔勞〕力報反。楚子使師縉示之俘馘師縉，楚樂師也。俘，所得囚。馘，所截耳。君子曰非禮也婦人送迎不出門見兄弟不踰閾閾，門限。○〔閾〕音域，又況域反。戎事不邇女器邇，近也。器，物也。言俘馘非近婦人之物。丁丑楚子入饗于鄭爲鄭所饗。九獻用上公之禮，九獻酒而禮畢。庭實旅百庭中所陳，品數百也。加籩豆六品食物六品，加於籩豆。籩豆，禮食器。饗畢夜出文芈送于軍取鄭二姬以歸二姬，文芈女也。叔詹曰楚王其不沒乎不以壽終。爲禮卒於無別無別不可謂禮將何以沒諸侯是以知其不遂霸也言楚子所以師敗城濮。終爲商臣所弒。○[別]彼列反。

經二十有三年春齊侯伐宋圍緡緡，宋邑。高平昌邑縣東南有東緡城。○[緡]亡巾反。夏五月庚寅宋公茲父卒三同盟。秋楚人伐陳

冬十有一月杞子卒傳例曰：不書名，未同盟也。杞入春秋稱侯，莊二十七年絀稱伯，至此用夷禮，貶稱子。○[絀]勑律反。

傳二十三年春齊侯伐宋圍緡以討其不與盟于齊也十九年盟于齊，以無忘桓公之德。而宋獨不會，復召齊人共盟鹿上，故今討之。○[與]音預。夏五月宋襄公卒傷於泓故也終子魚之言。得死爲幸。秋楚成得臣帥師伐陳討其貳於宋也成得臣，子玉也。遂取焦夷城頓而還焦，今譙縣也。夷，一名城父，今譙郡城父縣。二地皆陳邑。頓國，今汝陰南頓縣。子文以爲

之功使爲令尹叔伯曰子若國何叔伯楚大夫蘧呂臣也以爲子玉不任令尹○〔蘧〕爲彼反〔任〕音壬對曰吾以靖國也夫有大功而無貴仕貴仕貴位其人能靖者與有幾言必矜功爲亂不可不賞○〔與〕音餘〔幾〕居豈反

九月晉惠公卒經在明年從赴懷公命無從亡人懷公子圉亡人重耳期期而不至無赦狐突之子毛及偃從重耳在秦弗召偃子犯也○〔期期〕上如字下音基〔從〕才用反冬懷公執狐突曰子來則免未期而執突以不召子故對曰子之能仕父教之忠古之制也策名委質貳乃辟也名書於所臣之策屈膝而君事之則不可以貳辟罪也○〔質〕如字〔辟〕婢亦反今臣之子名在重耳有年數矣若又召之教之貳也父教子貳何以事君刑之不濫君之明也臣

之願也淫刑以逞誰則無罪臣聞命矣乃殺之卜偃稱疾不出曰周書有之乃大明服（周書康誥言君能大明則民服）己則不明而殺人以逞不亦難乎民不見德而唯戮是聞其何後之有（言懷公必無後於晉爲二十四年殺懷公張本）十一月杞成公卒書曰子杞夷也（成公始行夷禮以終其身故於卒貶之杞實稱伯仲尼以文貶稱子故傳言書曰子以賤之）不書名未同盟也凡諸侯同盟死則赴以名禮也（隱七年已見今重發不書名者疑降爵故也此凡又爲國史承告而書例）赴以名則亦書之（謂未同盟）不然則否（謂同盟而不以名告）辟不敏也（敏猶審也同盟然後告名赴者之禮也承赴然後書策史官之制也內外之宜不同故傳重詳其義）晉公子重耳之及於難也晉人伐諸蒲城（事在五年）蒲城人

欲戰重耳不可曰保君父之命而享其生祿享受也保猶恃
也於是乎得人以祿致衆有人而校罪莫大焉校報也吾其
奔也遂奔狄從者狐偃趙衰衰趙夙弟顛頡魏武子武子魏犨
○〔頡〕戶結反〔犨〕尺由反司空季子胥臣臼季也時狐毛賈佗皆從而獨舉此五人賢而有大
功○〔臼〕其九反狄人伐廧咎如廧咎如赤狄之別種也隗姓○〔廧〕在良反〔咎〕古刀反〔隗〕五
罪反下同獲其二女叔隗季隗納諸公子公子取季隗生
伯儵叔劉以叔隗妻趙衰生盾盾趙宣子○〔儵〕直由反〔妻〕七計反〔盾〕徒本
反將適齊謂季隗曰待我二十五年不來而後嫁對
曰我二十五年矣又如是而嫁則就木焉言將死入木不復成
嫁請待子處狄十二年而行以五年奔狄至十六年而去過衛衛

文公不禮焉出於五鹿五鹿衞地今衞縣西北有地名五鹿陽平元城縣東亦有五鹿乞食於野人野人與之塊公子怒欲鞭之子犯曰天賜也得土有國之祥故以爲天賜○〔塊〕苦對反又苦怪反稽首受而載之及齊齊桓公妻之有馬二十乘四馬爲乘八十匹也公子安之從者以爲不可將行謀於桑下齊桓既卒知孝公不可恃故蠶妾在其上以告姜氏姜氏殺之姜氏重耳妻恐孝公怒其去故殺妾以滅口而謂公子曰子有四方之志其聞之者吾殺之矣公子曰無之姜曰行也懷與安實敗名公子不可姜與子犯謀醉而遣之醒以戈逐子犯無去志故怒○〔敗〕必邁反〔醒〕星頂反及曹曹共公聞其駢脅欲觀其裸浴薄而觀之薄迫也駢脅合

幹。○〔脅〕許業反。駢脅。并也。脅幹謂之肋。〔裸〕力果反。僖負羈之妻曰：吾觀晉公子之從者，皆足以相國，若以相，若遂以爲傅相。○〔羈〕紀宜反。〔相〕息亮反。夫子必反其國。反其國，必得志於諸侯。得志於諸侯，而誅無禮，曹其首也。子盍蚤自貳焉。自貳，自別異於曹。乃饋盤飧，寘璧焉。臣無竟外之交，故用盤藏璧飧中，不欲令人見。○〔飧〕音孫。公子受飧反璧。及宋，宋襄公贈之以馬二十乘。贈，送也。及鄭，鄭文公亦不禮焉。叔詹諫曰：臣聞天之所啓，人弗及也。啓，開也。晉公子有三焉，天其或者將建諸，君其禮焉。男女同姓，其生不蕃。蕃，息也。○〔蕃〕音煩。晉公子，姬出也，而至于今，一也。犬戎狐姬之子，故曰姬出。離外之患，出奔在外。而天不靖晉國，殆將啓之二也有三士足以上人而從之三也國語狐偃趙衰賈佗。三人皆卿才。〇〔從〕如字。一才用反。晉鄭同儕儕等也。〇〔儕〕士皆反。其過子弟固將禮焉況天之所啓乎弗聽及楚楚子饗之曰公子若反晉國則何以報不穀對曰子女玉帛則君有之羽毛齒革則君地生焉其波及晉國者君之餘也其何以報君曰雖然何以報我對曰若以君之靈得反晉國晉楚治兵遇於中原其辟君三舍若不獲命三退。不得楚止命也。〇〔過〕古禾反。其左執鞭弭右屬櫜鞬以與君周旋弭。弓末無緣者。櫜以受箭。鞬以受弓。屬。著也。周旋。相追逐也。〇〔弭〕莫爾反〔屬〕音燭〔櫜〕古刀反〔鞬〕九言反〔緣〕悅絹反。子玉請殺之長其志大。楚子曰晉公子廣而儉志廣

而體儉文而有禮其從者肅而寬肅敬也忠而能力晉侯
無親外內惡之晉侯惠公○〔惡〕去聲吾聞姬姓唐叔之後其後
衰者也其將由晉公子乎天將興之誰能廢之違天
必有大咎乃送諸秦秦伯納女五人懷嬴與焉懷嬴子圉
妻子圉謚懷公故號爲懷嬴奉匜沃盥既而揮之匜沃盥器也揮湔也○〔奉〕芳勇
反〔匜〕以支反一以紙反〔盥〕古緩反怒曰秦晉匹也何以卑我匹敵也公
子懼降服而囚去上服自拘囚以謝之○〔去〕起呂反他日公享之子犯
曰吾不如衰之文也有文辭也〔衰〕初危反○請使衰從公子賦
河水河水逸詩義取河水朝宗于海海喻秦公賦六月六月詩小雅道尹吉甫佐宣王
征伐驗公子還晉必能匡王國古者禮會因古詩以見意故言賦詩斷章也其全稱詩篇者多取首章之

義他皆放此。○〔見〕賢遍反。〔斷〕端緩反。趙衰曰重耳拜賜公子降拜稽首公降一級而辭焉下階一級。辭公子稽首。衰曰君稱所以佐天子者命重耳重耳敢不拜詩首章言匡王國次章言佐天子。故趙衰因通言之。爲明年秦伯納之張本。

經二十有四年春王正月夏狄伐鄭秋七月冬天王出居于鄭襄王也。天子以天下爲家故所在稱居天子無外而書出者。譏王蔽於匹夫之孝不顧天下之重。因其辟母弟之難。書出言其自絕於周。晉侯夷吾卒文公定位而後告。未同盟而赴以名。

傳二十四年春王正月秦伯納之不書不告入也納重耳也。及河子犯以璧授公子曰臣負羈紲從君巡於天下羈馬羈紲馬繮○〔羈〕紀宜反馬絡頭也〔紲〕息列反繫也〔從〕才用反又如字臣之罪甚多矣臣猶知之而況君乎請由此亡公子曰所不與舅氏同心者有如白水子犯重耳舅也言與舅氏同心之明如此白水猶詩言謂予不信有如皦日投其璧于河質信於河○〔質〕音致濟河圍令狐入桑泉取臼衰桑泉在河東解縣西解縣東南有臼城○〔衰〕初危反〔解〕戶買反二月甲午晉師軍于廬柳懷公遣軍距重耳秦伯使公子縶如晉師師退軍于郇解縣西北有郇城辛丑狐偃及秦晉之大夫盟于郇壬寅公子入于晉師丙午入于曲沃丁未朝于武宮文公之祖武公廟戊申使殺懷公于高粱不書亦不告也懷公奔高粱高粱在平陽楊縣西南再發不告者言外諸侯入及見殺亦皆須告乃書于策呂郤畏

偪。呂甥、郤芮、惠公舊臣、故畏爲文公所偪害。將焚公宮而弑晉侯。寺人披

請見。公使讓之、且辭焉。辭不見。○請[見]賢遍反。曰、蒲城之役、在五

年。君命一宿、女卽至。卽日至。其後余從狄君以田渭濱、

田獵。女爲惠公來求殺余、命女三宿、女中宿至。雖有君

命、何其速也。夫袪猶在、披所斬文公衣袂也。○[爲]于僞反。[中]丁仲反、下注同。[袪]起

魚反。女其行乎。對曰、臣謂君之入也、其知之矣。知君人之道。

若猶未也、又將及難。君命無二、古之制也。除君之惡、

唯力是視。蒲人狄人、余何有焉。當二君世、君爲蒲狄之人、於我有何義。

今君卽位、其無蒲狄乎。齊桓公置射鉤而使管仲相。

乾時之役、管仲射桓公、中帶鉤。○[射]食亦反。君若易之、何辱命焉。言君反齊桓、已

將自去不須辱君命行者甚衆豈唯刑臣披奄人故稱刑臣公見之以
難告告呂郤欲焚公宮三月晉侯潛會秦伯于王城己丑晦
公宮火瑕甥郤芮不獲公乃如河上秦伯誘而殺之
晉侯逆夫人嬴氏以歸秦穆公女文嬴也秦伯送衛於晉三
千人實紀綱之僕新有呂郤之難國未輯睦故以兵衛文公諸門戶僕隸之事皆秦卒
共之爲之紀綱初晉侯之豎頭須守藏者也頭須一曰里鳧須豎左右小吏
○豎上注反藏才浪反下同里鳧須房孚反韓詩外傳云晉文公亡過曹里鳧須從因盜重耳資而亡重
耳無糧餧不能行介子推割股以食重耳然後能行其出也竊藏以逃文公出時盡
用以求納之求納文公及入求見公辭焉以沐謂僕人曰
沐則心覆心覆則圖反宜吾不得見也居者爲社稷

之守行者爲羈紲之僕其亦可也何必罪居者國君而讎匹夫懼者甚衆矣僕人以告公遽見之（言弃小怨所以能安衆○〔見〕賢遍反下得見同）狄人歸季隗于晉而請其二子（二子伯鯈叔劉）文公妻趙衰生原同屏括樓嬰（原屏樓三子之邑○〔妻〕七計反〔屏〕步丁反）趙姬請逆盾與其母（趙姬文公女也盾狄女叔隗之子）子餘辭（子餘趙衰字）姬曰得寵而忘舊何以使人必逆之固請許之來以盾爲才固請于公以爲嫡子而使其三子下之以叔隗爲內子而己下之（卿之嫡妻爲內子皆非此年事蓋因狄人歸季隗遂終言叔隗）晉侯賞從亡者介之推不言祿祿亦弗及（介推文公微臣之語助○〔從〕才用反〔推〕昌誰反）推曰獻公之子九人唯君在矣惠

懷無親外內弃之天未絕晉必將有主主晉祀者非君而誰天實置之而二三子以爲己力不亦誣乎竊人之財猶謂之盜況貪天之功以爲己力乎下義其罪上賞其姦上下相蒙（蒙欺也）難與處矣其母曰盍亦求之以死誰懟對曰尤而效之罪又甚焉且出怨言不食其食（怨言謂上下相蒙難與處○懟直類反）其母曰亦使知之若何（既不求之且欲令推達言於文公）對曰言身之文也身將隱焉用文之是求顯也其母曰能如是乎與女偕隱（偕俱也○女音汝）遂隱而死晉侯求之不獲以緜上爲之田曰以志吾過且旌善人（旌表也西河界休縣南有地名緜上）鄭之入滑也滑人

聽命。（入滑在二十年。）師還。又即衛。鄭公子士洩、堵俞彌帥師伐滑。（堵俞彌，鄭大夫。）王使伯服、游孫伯如鄭請滑。（二子，周大夫。）鄭伯怨惠王之入而不與厲公爵也。（事在莊二十一年。）又怨襄王之與衛滑也。（怨王助衛爲滑請。）故不聽王命而執二子。王怒，將以狄伐鄭。富辰諫曰：不可。臣聞之，大上以德撫民。（無親疏也。）其次親親以相及也。（先親以及疏，推恩以成義。）昔周公弔二叔之不咸，故封建親戚以蕃屏周。（弔，傷也。咸，同也。周公傷夏殷之叔世，疏其親戚以至滅亡，故廣封其兄弟。）管、蔡、郕、霍、魯、衛、毛、聃、郜、雍、曹、滕、畢、原、酆、郇，文之昭也。（十六國皆文王子也。管國在滎陽京縣東北。雍國在河內山陽縣西。畢國在長安縣西北。酆國在始平鄠縣東。○[聃]乃甘反。[雍]於用反。[郇]音荀。）邘、晉、應、韓，武之穆也。四國皆武王子。應國在襄陽城父縣西南。韓國在河東郡界。河內野王縣西北有邘城。○〔邘〕音于。凡蔣邢茅胙祭周公之胤也。胤嗣也。蔣在弋陽期思縣。高平昌邑縣西有茅鄉。東郡燕縣西南有胙亭。○〔祭〕音瘵。召穆公思周德之不類故糾合宗族于成周而作詩。類善也。糾收也。召穆公周卿士名虎。召采地。扶風雍縣東南有召亭。周厲王之時。周德衰微。兄弟道缺。召穆公于東都收會宗族。特作此周公之樂歌。常棣詩屬小雅。曰常棣之華鄂不韡韡。常棣棣也。鄂鄂然華外發。不韡韡言韡韡以喻兄弟和睦則強盛而有光輝韡韡然。○〔不〕方九反〔韡〕韋鬼反。凡今之人莫如兄弟。言致韡韡之盛莫如親親兄弟。其四章曰兄弟鬩于牆外禦其侮。鬩訟爭貌。言內雖不和。猶宜外扞異族之侵侮。○〔鬩〕呼歷反。如是則兄弟雖有小忿不廢懿親。懿美也。今天子不忍小忿以弃鄭親其若之何庸勳親親暱近尊賢德之大者也〔庸用也暱親也○（暱）女乙反〕即聾從昧與頑用嚚姦之大者也弃德崇姦禍之大者也〔崇聚也〕鄭有平惠之勳〔平王東遷晉鄭是依惠王出奔虢鄭納之是其勳也〕又有厲宣之親〔鄭始封之祖桓公友周厲王之子宣王之母弟〕弃嬖寵而用三良〔七年殺嬖臣申侯十六年殺寵子子華也三良叔詹堵叔師叔所謂尊賢〕於諸姬爲近〔道近當暱之〕四德具矣耳不聽五聲之和爲聾目不別五色之章爲昧心不則德義之經爲頑口不道忠信之言爲嚚狄皆則之四姦具矣周之有懿德也猶曰莫如兄弟故封建之〔當周公時故言周之有懿德〕其懷柔天下也猶懼有外侮扞禦侮者莫如親親故以親屏周召穆公

亦云。（周公作詩召公歌之故言亦云）今周德既衰於是乎又渝周召
以從諸姦無乃不可乎（變周召親兄弟之道）民未忘禍王又興
之。（前有子頹之亂中有叔帶召狄故曰民未忘禍）其若文武何（言將廢文武之功業）王
弗聽使頹叔桃子出狄師（二子周大夫）夏狄伐鄭取櫟王
德狄人將以其女爲后富辰諫曰不可臣聞之曰報
者倦矣施者未厭（施功勞也有勞則望報過甚○〔櫟〕力狄反〔施〕如字〔厭〕於豔反又於豔
反）狄固貪惏王又啓之女德無極婦怨無終（婦女之志近之
則不知止足遠之則忿怨無已終猶已也○〔惏〕力南反方言云殺人而取其財曰惏）狄必爲患
王又弗聽初甘昭公有寵於惠后（甘昭公王子帶也食邑於甘河南縣
西南有甘水）惠后將立之未及而卒昭公奔齊（奔齊在十二年）王

復之。在二十二年。又通於隗氏。隗氏，王所立狄后。王替隗氏。替，廢也。頹叔桃子曰。我實使狄。狄其怨我。遂奉大叔以狄師攻王。王御士將禦之。周禮王之御士十二人。王曰。先后其謂我何。先后，惠后也。誅大叔，恐違先后志。寧使諸侯圖之。王遂出。及坎欿。國人納之。坎欿，周地，在河南鞏縣東。○〔欿〕大感反。秋。頹叔桃子奉大叔以狄師伐周。大敗周師。獲周公忌父。原伯。毛伯。富辰。原、毛，皆采邑。王出適鄭。處于氾。鄭南氾也。在襄城縣南。○〔氾〕音凡。後皆同。大叔以隗氏居于溫。鄭子華之弟子臧出奔宋。十六年殺子華故。好聚鷸冠。鷸，鳥名。聚鷸羽以爲冠，非法之服。○〔鷸〕尹橘反。翠鳥也。鄭伯聞而惡之。惡其服非法。使盜誘之。八月。盜殺之于陳宋之間。君子曰服之不衷身之災也（衷猶適也○〔衷〕音忠一丁仲反）詩曰彼已之子不稱其服（詩曹風刺小人在位言彼人之德不稱其服○〔已〕音記〔稱〕尺證反）子臧之服不稱也夫詩曰自詒伊慼其子臧之謂矣（詩小雅詒遺也慼憂也取其自遺憂○〔遺〕唯季反）夏書曰地平天成稱也（夏書逸書地平其化天成其施上下相稱爲宜）宋及楚平宋成公如楚還入於鄭鄭伯將享之問禮於皇武子（皇武子鄭卿）對曰宋先代之後也於周爲客天子有事膰焉（有事祭宗廟也膰祭肉尊之故賜以祭胙）有喪拜焉（宋弔周喪王特拜謝之）豐厚可也鄭伯從之享宋公有加禮也（禮物事事加厚善鄭能尊先代）冬王使來告難曰不穀不德得罪于母弟之寵子帶鄙在鄭地氾（鄙野也）敢告叔父

天子謂同姓諸侯曰叔父臧文仲對曰天子蒙塵于外敢不奔問官守官守王之羣臣〔守〕手又反下同○王使簡師父告于晉使左鄢父告于秦二子周大夫〔鄢〕於晚反天子無出書曰天王出居于鄭辟母弟之難也叔帶襄王同母弟天子凶服降名禮也凶服素服降名稱不穀鄭伯與孔將鉏石甲父侯宣多省視官具于氾三子鄭大夫省官司具器用○〔鉏〕仕居反而後聽其私政禮也得先君後己之禮衛人將伐邢禮至曰不得其守國不可得也禮至衛大夫守謂邢正卿國子我請昆弟仕焉乃往得仕爲明年滅邢傳

經二十有五年春王正月丙午衛侯燬滅邢衛邢同姬姓惡其親親相滅故稱名罪之夏四月癸酉衛侯燬卒無傳五同盟宋蕩伯

姬來逆婦。無傳。伯姬。魯女。爲宋大夫蕩氏妻也。自爲其子來逆。稱婦。姑在之辭。婦人越竟迎婦。爲非禮。故書。○自(爲)于僞反。宋殺其大夫。無傳。其事則未聞。於例爲大夫無罪。故不稱名。秋楚人圍陳納頓子于頓。頓迫於陳。而出奔楚。故楚圍陳以納頓子。不言遂。明一事也。子玉稱人。從告。頓子不言歸。與師見納故。葬衛文公。無傳。冬十有二月癸亥。公會衛子莒慶盟于洮。洮。魯地。衛文公既葬。成公不稱爵者。述父之志。降名從未成君。故書子以善之。莒慶不稱氏。未賜族。

傳二十五年春。衛人伐邢。二禮從國子巡城。掖以赴外。殺之。正月丙午。衛侯燬滅邢。同姓也。故名。禮至爲銘曰。余掖殺國子。莫余敢止。惡其不知恥。詐以滅同姓。而反銘功於器。秦伯師于河上。將納王。狐偃言於晉侯曰。求諸侯莫如

勤王。勤。納王也。諸侯信之。且大義也。繼文之業而信宣於
諸侯。今爲可矣。晉文侯仇。爲平王侯伯。匡輔周室。使卜偃卜之。曰吉。
遇黃帝戰于阪泉之兆。黃帝與神農之後姜氏戰于阪泉之野。勝之。今得其兆。故
以爲吉。公曰。吾不堪也。文公自以爲己當此兆。故曰不堪。對曰。周禮未
改。今之王。古之帝也。言周德雖衰。其命未改。今之周王。自當帝兆。不謂晉。公曰。
筮之。筮之遇大有䷍乾下離上。大有。之睽䷥兌下離上。睽。大有九
三變而爲睽。曰吉。遇公用享于天子之卦。大有九三爻辭也。三爲三公而
得位。變而爲兌。兌爲說。得位而說。故能爲王所宴饗也。戰克而王饗。吉孰大焉。
言卜筮協吉。且是卦也。方更總言二卦之義。不繫於一爻。天爲澤以當日。
天子降心以逆公。不亦可乎。乾爲天。兌爲澤。乾變爲兌。而上當離。離爲日。日

之在天垂曜在澤天子在上說心在下是降心逆公之象大有去睽而復亦其所
也言去睽卦還論大有亦有天子降心之象乾尊離卑降尊下卑亦其義也晉侯辭秦師
而下辭讓秦師使還順流故曰下三月甲辰次于陽樊右師圍溫
大叔在溫故左師逆王夏四月丁巳王入于王城取大叔
于溫殺之于隰城戊午晉侯朝王王饗醴命之宥既行
饗禮而設醴酒又加之以幣帛以助歡也宥助也請隧弗許闕地通路曰隧王之葬禮也諸
侯皆縣柩而下曰王章也章顯王者與諸侯異未有代德而有二王亦
叔父之所惡也與之陽樊溫原欑茅之田晉於是始
啟南陽在晉山南河北故曰南陽○〔欑〕才官反陽樊不服圍之倉葛呼
曰蒼葛陽樊人○〔呼〕喚故反德以柔中國刑以威四夷宜吾不敢

服也此誰非王之親姻其俘之也乃出其民 取其土而已

秋秦晉伐鄀 鄀本在商密秦楚界上小國其後遷於南郡鄀縣○〔鄀〕音若 楚鬬克屈禦寇以申息之師戍商密 鬬克申公子儀屈禦寇息公子邊商密鄀別邑今南鄉丹水縣戍守也二子屯兵於析以為商密援 秦人過析隈入而係輿人以圍商密昏而傅焉 析楚邑一名白羽今南鄉析縣隈隱蔽之處係縛輿人詐為克析得其囚俘者昏而傅城不欲令商密知○〔隈〕烏回反〔係〕音計〔傅〕音附 宵坎血加書僞與子儀子邊盟者 掘地為坎以埋盟之餘血加盟書其上 商密人懼曰秦取析矣戍人反矣乃降秦師秦師囚申公子儀息公子邊以歸 商密既降析戍亦敗故得囚二子 楚令尹子玉追秦師弗及 不復言晉者秦為兵主 遂圍陳納頓子于頓 為頓圍陳 冬

晉侯圍原命三日之糧原不降命去之諜出（諜閒也）曰原將降矣軍吏曰請待之公曰信國之寶也民之所庇也得原失信何以庇之所亡滋多退一舍而原降遷原伯貫于冀（伯貫周守原大夫也）趙衰爲原大夫狐溱爲溫大夫（狐溱狐毛之子）衛人平莒于我十二月盟于洮脩衛文公之好且及莒平也（莒以元年酈之役怨魯衛文公將平之未及而卒成公追成父志降名以行事故曰脩文公之好○酈力知反）晉侯問原守於寺人勃鞮（勃鞮披也○守手又反鞮丁兮反）對曰昔趙衰以壺飧從徑餒而弗食（言其廉且仁不忘君也徑猶行也○飧音孫從才用反）故使處原（從披言也衰雖有大功猶簡小善以進之示不遺勞）

經。二十有六年。春王正月。己未。公會莒子衛甯速盟于向。向，莒地。甯速，衛大夫。莊子也。○〔向〕舒亮反。齊人侵我西鄙。公追齊師至酅。弗及。公逐齊師，遠至齊地，故書之。濟北穀城縣西有地名酅下。○〔酅〕戶圭反。夏。齊人伐我北鄙。孝公未入魯竟，先使微者伐之。衛人伐齊。公子遂如楚乞師。公子遂，魯卿也。乞，不保得之辭。秋。楚人滅夔。以夔子歸。夔，楚同姓國。今建平秭歸縣。夔有不祀之罪，故不譏楚滅同姓。冬。楚人伐宋。圍緡。公以楚師伐齊。取穀。傳例曰：師能左右之曰以。公至自伐齊。無傳。

傳。二十六年。春王正月。公會莒茲丕公。茲丕，時君之號。莒夷無謚，以號爲稱。甯莊子盟于向。尋洮之盟也。洮盟在前年。齊師侵我西鄙。討是二盟也。夏。齊孝公伐我北鄙。衛人伐齊。洮之盟故也。公使展喜犒師。勞齊師。使受命于展禽。柳下惠。

齊侯未入竟。展喜從之。曰。寡君聞君親舉玉趾。將辱於敝邑。使下臣犒執事。言執事。不敢斥尊。齊侯曰。魯人恐乎。對曰。小人恐矣。君子則否。齊侯曰。室如縣罄。野無青草。何恃而不恐。如而也。時夏四月。今之二月。野物未成。故言居室而資糧縣盡。在野則無蔬食之物。所以當恐。對曰。恃先王之命。昔周公大公股肱周室。夾輔成王。成王勞之。而賜之盟。曰。世世子孫無相害也。載在盟府。載。載書也。大師職之。職。主也。大公爲大師。兼主司盟之官。桓公是以糾合諸侯。而謀其不協。彌縫其闕。而匡救其災。昭舊職也。及君卽位。諸侯之望曰。其率桓之功。率。循也。○

〔縫〕扶容反我敝邑用不敢保聚。用此舊盟故不聚衆保守曰豈其嗣世九年而弃命廢職。其若先君何。君必不然。恃此以不恐。齊侯乃還。東門襄仲臧文仲如楚乞師。襄仲居東門。故以爲氏。臧文仲爲襄仲副使。故不書。臧孫見子玉而道之伐齊宋以其不臣也。言其不臣事周室。可以此罪責而伐之。夔子不祀祝融與鬻熊。祝融。高辛氏之火正。楚之遠祖也。鬻熊。祝融之十二世孫。夔。楚之別封。故亦世紹其祀。楚人讓之。對曰。我先王熊摯有疾。鬼神弗赦。而自竄于夔。熊摯楚嫡子。有疾不得嗣位。故別封爲夔子。吾是以失楚。又何祀焉。廢其常祀而飾辭文過。秋。楚成得臣鬬宜申帥師滅夔。以夔子歸。成得臣令尹子玉也。鬬宜申。司馬子西也。宋以其善於晉侯也。重耳之出也。宋襄公贈馬二十乘。

叛楚卽晉。冬。楚令尹子玉。司馬子西帥師伐宋圍緍。公以楚師伐齊取穀。凡師能左右之曰以。（左右謂進退在己。○〔左〕〔右〕竝如字。）寘桓公子雍於穀。易牙奉之以爲魯援。（雍本與孝公爭立。故使居穀以偪齊。）楚申公叔侯戍之。（爲二十八年楚子使申叔去穀張本。）桓公之子七人。爲七大夫於楚。（言孝公不能撫公族。）

春秋經傳集解僖公中第六

春秋經傳集解僖公下第七

杜氏註　盡三十三年

經二十有七年春杞子來朝夏六月庚寅齊侯昭卒十九年與魯大夫盟于齊秋八月乙未葬齊孝公無傳三月而葬速乙巳公子遂帥師入杞弗地曰入八月無乙巳乙巳九月六日冬楚人陳侯蔡侯鄭伯許男圍宋傳言楚子使子玉去宋經書人者恥不得志以微者告猶序諸侯之上楚主兵故十有二月甲戌公會諸侯盟于宋無傳諸侯伐宋公與楚有好而往會之非後期宋方見圍無嫌於與盟故直以宋地

傳二十七年春杞桓公來朝用夷禮故曰子杞先代之後而迫於東夷風俗雜壞言語衣服有時而夷故杞子卒傳言其夷也今稱朝者始於朝禮終而不全異於介

葛盧。故唯貶其爵。公卑杞。杞不共也。杞用夷禮。故賤之。○（共）音恭。夏。齊孝公卒。有齊怨。前年齊再伐魯。不廢喪紀。禮也。弔贈之數不有廢。秋。入杞。責無禮也。責不共也。楚子將圍宋。使子文治兵於睽。子文時不爲令尹。故云使。治兵。習號令也。睽。楚邑。終朝而畢。不戮一人。終朝。自旦及食時也。子文欲委重於子玉。故略其事。子玉復治兵於蔿。子玉爲令尹故。蔿。楚邑。○（蔿）于委反。終日而畢。鞭七人。貫三人耳。國老皆賀子文。子文飲之酒。賀子玉堪其事。○（貫）音官。又古亂反。（飲）於鴆反。蔿賈尚幼。後至不賀。蔿賈。伯嬴。孫叔敖之父。幼。少也。子文問之。對曰。不知所賀。子之傳政於子玉。曰以靖國也。靖諸內而敗諸外。所獲幾何。子玉之敗。子之舉也。舉以敗國。將何賀焉。子玉剛而無禮不可以治民過三百乘其不能以入矣苟入而賀何後之有（三百乘二萬二千五百人）冬楚子及諸侯圍宋宋公孫固如晉告急（公孫固宋莊公孫）先軫曰報施救患取威定霸於是乎在矣（先軫晉下軍之佐原軫也報宋贈馬之施）狐偃曰楚始得曹而新昏於衞若伐曹衞楚必救之則齊宋免矣（前年楚使申叔侯戍穀以偪齊）於是乎蒐于被廬（晉常以春蒐禮改政令敬其始也被廬晉地）作三軍（閔元年晉獻公作二軍今復大國之禮）謀元帥（中軍帥）趙衰曰郤縠可臣亟聞其言矣說禮樂而敦詩書詩書義之府也禮樂德之則也德義利之本也夏書曰賦納以言明試以功車服以庸（尚書虞夏書也賦納以言觀其志也明試以功考其事也車服

(以庸報其勞也賦猶取也庸功也〔縠〕胡木反〔亟〕欺冀反數也〔說〕音悅)○君其試之乃使郤縠將中軍郤溱佐之使狐偃將上軍讓於狐毛而佐之(狐毛偃之兄)命趙衰爲卿讓於欒枝先軫(欒枝貞子也欒賓之孫)使欒枝將下軍先軫佐之荀林父御戎魏犨爲右(荀林父中行桓子○〔行〕戶剛反)晉侯始入而教其民二年欲用之(二十四年入)子犯曰民未知義未安其居(無義則苟生)於是乎出定襄王(二十五年定襄王以示事君之義)入務利民民懷生矣將用之子犯曰民未知信未宣其用(宣明也未明於見用之信)於是乎伐原以示之信(伐原在二十五年)民易資者不求豐焉(不詐以求多)明徵其辭(重言信)公曰可矣乎子犯曰民未知禮未

生其共於是乎大蒐以示之禮蒐順少長明貴賤作執秩以正其官執秩主爵秩之官民聽不惑而後用之出穀戍釋宋圍楚子使申叔去穀子玉去宋一戰而霸文之教也謂明年戰城濮

經二十有八年春晉侯侵曹晉侯伐衛再舉晉侯者曹衛兩來告公子買戍衛不卒戍刺之公子買魯大夫子叢也內殺大夫皆書刺言用周禮三刺之法示不枉濫也公實畏晉殺子叢而誣叢以廢戍之罪恐不爲遠近所信故顯書其罪楚人救衛三月丙午晉侯入曹執曹伯畀宋人畀與也執諸侯當以歸京師晉欲怒楚使戰故以與宋所謂譎而不正夏四月己巳晉侯齊師宋師秦師及楚人戰于城濮楚師敗績宋公齊國歸父秦小子憖既次城濮以師屬晉不與戰也子玉及陳蔡之師不書楚人恥敗告文略也大崩曰敗績○憖魚覲反不與音

頓。楚殺其大夫得臣。子玉違其君命以取敗稱名以殺罪之衛侯出奔楚。五月癸丑公會晉侯齊侯宋公蔡侯鄭伯衛子莒子盟于踐土。踐土鄭地王子虎臨盟不同歃故不書衛侯出奔其弟叔武攝位受盟非王命所加從未成君之禮故稱子而序鄭伯之下經書癸丑月十八日也傳書癸亥月二十八日經傳必有誤○〔踐〕慈演反〔土〕如字一音杜陳侯如會。無傳陳本與楚楚敗懼而屬晉來不及盟故曰如會公朝于王所。無傳王在踐土非京師故曰王所六月衛侯鄭自楚復歸于衛。復其位曰復歸晉人感叔武之賢而復衛侯衛侯之入由于叔武故以國逆爲文例在成十八年衛元咺出奔晉。元咺衛大夫雖爲叔武訟訴失君臣之節故無賢文奔例在宣十年○〔咺〕況晚反陳侯款卒。無傳凡四同盟秋杞伯姬來。無傳莊公女歸寧曰來公子遂如齊。無傳聘也冬公會晉侯齊侯宋公蔡侯鄭伯。陳子。莒子。邾子。秦人于溫。陳共公稱子。先君未葬。例在九年。宋襄公稱子。自在本班。陳共公稱子。降在鄭下。陳懷公稱子。而在鄭上。傳無義例。蓋主會所次。非褒貶也。天王狩于河陽。晉地。今河內有河陽縣。晉實召王。為其辭逆而意順。故經以王狩為辭。壬申。公朝于王所。壬申。十月十日。有日而無月。史闕文。晉人執衛侯。歸之于京師。稱人以執。罪及民也。例在成十五年。諸侯不得相治。故歸之京師。衛元咺自晉復歸于衛。元咺與衛侯訟。得勝而歸。從國逆例者。明衛侯無道於民。國人與元咺。諸侯遂圍許。會溫諸侯也。許比再會不至。故因會共伐之。曹伯襄復歸于曹。晉感侯獳之言。而復曹伯。故從國逆例。○[獳]乃侯反。遂會諸侯圍許。言遂得復而行。不歸國也。

傳二十八年。春。晉侯將伐曹。假道于衛。曹在衛東。故。衛人弗許。還自南河濟。從汲郡南渡。出衛南而東。侵曹。伐衛。正月戊申。

取五鹿。五鹿。衛地。二月。晉郤縠卒。原軫將中軍。胥臣佐下
軍。上德也。先軫以下軍佐超將中軍。故曰上德。胥臣。司空季子。晉侯齊侯盟于
斂盂。斂盂。衛地。○斂音廉。又力檢反。衛侯請盟。晉人弗許。衛侯欲與
楚。國人不欲。故出其君以說于晉。衛侯出居于襄牛。
襄牛。衛地。○說音悅。公子買戍衛。晉伐衛。衛。楚之昏姻。魯欲與楚。故戍衛。楚人救
衛。不克。公懼於晉。殺子叢以說焉。召子叢而殺之。以謝晉。謂楚
人曰不卒戍也。詐告楚人。言子叢不終戍事而歸。故殺之。殺子叢在楚救衛下。經在上者。
救衛赴晚至。晉侯圍曹。門焉多死。攻曹城門。曹人尸諸城上。磔晉
死人於城上。○磔張宅反。晉侯患之。聽輿人之謀曰。稱舍於墓。輿。衆
也。舍墓。爲將發冢。師遷焉。曹人兇懼。遷至曹人墓。兇兇。恐懼聲。○兇凶勇反。爲

其所得者棺而出之因其兇也而攻之三月丙午入曹數之以其不用僖負羈而乘軒者三百人也且曰獻狀 軒大夫車言其無德居位者多故責其功狀○〔棺〕古患反一音官 令無入僖負羈之宮而免其族報施也 報殯璧之施○〔施〕始豉反 魏犫顛頡怒曰勞之不圖報於何有 二子各有從亡之勞○〔頡〕戶結反〔從〕才用反 爇僖負羈氏 爇燒也 魏犫傷於胷公欲殺之而愛其材 材力 使問且視之病將殺之魏犫束胷見使者曰以君之靈不有寧也 言不以病故自安寧○〔見〕賢遍反 距躍三百曲踊三百 距躍超越也曲踊跳踊也百猶勱也○〔三〕如字又息暫反〔百〕音陌下放此〔勱〕音邁 乃舍之殺顛頡以徇于師立舟之僑以爲戎右 舟之僑故虢臣閔二年奔晉以代魏

畀爲先歸張本(舍)如字又音捨○宋人使門尹般如晉師告急門尹般宋
大夫○(般)音班公曰宋人告急舍之則絕與晉絕告楚不許我
欲戰矣齊秦未可若之何未肯戰先軫曰使宋舍我而
賂齊秦求救於齊秦○(舍)音捨藉之告楚假借齊秦使爲宋請○(藉)在亦反借也
我執曹君而分曹衛之田以賜宋人楚愛曹衛必不
許也不許齊秦之請喜賂怒頑能無戰乎言齊秦喜得宋賂而怒楚之頑必自
戰也不可告請故曰頑公說執曹伯分曹衛之田以畀宋人楚
子入居于申申在方城內故曰入使申叔去穀二十六年申叔戍穀使子
玉去宋曰無從晉師晉侯在外十九年矣而果得晉
國晉侯生十七年而亡亡十九年而反凡三十六年至此四十矣險阻艱難備嘗之

矣民之情僞盡知之矣天假之年獻公之子九人唯文公在故曰天假之年而除其害除惠懷呂郤天之所置其可廢乎軍志曰允當則歸無求過分軍志兵書又曰知難而退又曰有德不可敵此三志者晉之謂矣謂今與晉遇當用此三志子玉使伯棼請戰伯棼子越椒也鬭伯比之孫○(棼)扶云反又扶粉反曰非敢必有功也願以閒執讒慝之口閒執猶塞也讒慝若蔿賈之言謂子玉不能以三百乘入○(慝)吐得反王怒少與之師唯西廣東宮與若敖之六卒實從之楚子還申遣此兵以就前圍宋之衆楚有左右廣又大子有宮甲分取以給之若敖楚武王之祖父葬若敖者子玉之祖也六卒子玉宗人之兵六百人言不悉師以益之○(廣)古曠反子玉使宛春告於晉師曰請復衞侯而封曹臣亦釋宋之圍衞侯未出竟曹

（伯見執在宋已失位故言復衞封曹○[宛]於元反又於阮反）子犯曰子玉無禮哉君取一臣取二（君取一以釋宋圍惠晉侯臣取二復曹衞爲己功）不可失矣（言可伐）先軫曰子與之定人之謂禮楚一言而定三國我一言而亡之我則無禮何以戰乎不許楚言是弃宋也救而弃之謂諸侯何（言將爲諸侯所怪）楚有三施我有三怨怨讎已多將何以戰不如私許復曹衞以攜之（私許二國使告絕于楚而後復之攜離也○[施]始豉反）執宛春以怒楚既戰而後圖之（須勝負決乃定計）公說乃拘宛春於衞且私許復曹衞曹衞告絕於楚子玉怒從晉師晉師退軍吏曰以君辟臣辱也且楚師老矣何故退子犯曰師直爲壯

曲爲老。豈在久乎。微楚之惠不及此。重耳過楚。楚成王有贈送之惠。退三舍辟之。所以報也。一舍。三十里。初楚子云。若反國。何以報我。故以退三舍爲報。背惠食言。以亢其讎。亢。猶當也。讎。謂楚也。○〔亢〕苦浪反。我曲楚直。其衆素飽。不可謂老。直氣盈飽。我退而楚還。我將何求。若其不還。君退臣犯。曲在彼矣。退三舍。楚衆欲止。子玉不可。夏四月戊辰。晉侯宋公齊國歸父崔夭秦小子憖次于城濮。國歸父。崔夭。齊大夫也。小子憖。秦穆公子也。城濮。衛地。楚師背酅而舍。酅。丘陵險阻名。○〔酅〕戶圭反。晉侯患之。聽輿人之誦。恐衆畏險。故聽其歌誦。曰。原田每每。舍其舊而新是謀。高平曰原。喻晉君美盛。若原田之草每每然。可以謀立新功。不足念舊惠。○〔每〕亡回反。又梅對反。〔舍〕音捨。公疑焉。疑衆謂己背舊謀新子犯曰戰也戰而捷必得諸侯若其不捷表裏山河必無害也晉國外河而內山公曰若楚惠何欒貞子曰漢陽諸姬楚實盡之貞子欒枝也水北曰陽姬姓之國在漢北者楚盡滅之思小惠而忘大恥不如戰也晉侯夢與楚子搏搏手搏楚子伏己而盬其腦盬啑也○〔盬〕音古〔啑〕子荅反又所荅反是以懼子犯曰吉我得天楚伏其罪吾且柔之矣晉侯上向故得天楚子下向地故伏其罪腦所以柔物子犯審見事宜故權言以荅夢子玉使鬭勃請戰鬭勃楚大夫曰請與君之士戲君馮軾而觀之得臣與寓目焉寓寄也○〔與〕音預晉侯使欒枝對曰寡君聞命矣楚君之惠未之敢忘是以在此為大夫退其敢當君乎既不獲命

矣。不獲止命。敢煩大夫。謂二三子。煩闘勃令戒勑子玉、子西之屬。戒爾車乘。敬爾君事。詰朝將見。詰朝，平旦。○（見）如字，又賢遍反。晉車七百乘。韅靷鞅靽。五萬二千五百人。在背曰韅，在胷曰靷，在腹曰鞅，在後曰靽。言駕乘脩備。○（韅）許見反，又去見反。（靷）以刃反。（鞅）於杖反。（靽）音半。晉侯登有莘之虛以觀師。曰少長有禮。其可用也。有莘，故國名。少長，猶言大小。○（莘）所巾反。（虛）丘魚反。遂伐其木以益其兵。伐木以益攻戰之具，輿曳柴亦是也。己巳。晉師陳于莘北。胥臣以下軍之佐當陳蔡。子玉以若敖之六卒將中軍。曰今日必無晉矣。子西將左。子上將右。子西，闘宜申。子上，闘勃。○（陳）直覲反。胥臣蒙馬以虎皮。先犯陳蔡。陳蔡奔。楚右師潰。陳蔡屬楚右師。狐毛設二旆而退之。旆，大旗也。又建二旆而退，使若大將稍却。

欒枝使輿曳柴而僞遁曳柴起塵詐爲衆走楚師馳之原軫郤溱以中軍公族橫擊之公族公所率之軍狐毛狐偃以上軍夾攻子西楚左師潰楚師敗績子玉收其卒而止故不敗三軍唯中軍完是大崩晉師三日館穀館舍也食楚軍穀三日及癸酉而還甲午至于衡雍作王宮于踐土衡雍鄭地今熒陽卷縣襄王聞晉戰勝自往勞之故爲作宮○〔雍〕於用反〔卷〕音權鄉役之三月鄉猶屬也城濮役之前三月○〔鄉〕許亮反〔屬〕音燭鄭伯如楚致其師爲楚師既敗而懼使子人九行成于晉子人氏九名晉欒枝入盟鄭伯五月丙午晉侯及鄭伯盟于衡雍丁未獻楚俘于王駟介百乘徒兵千駟介四馬被甲徒兵步卒鄭伯傅王用平禮也傅相也以

周平王享晉文侯仇之禮享晉侯己酉王享醴命晉侯宥既饗又命晉侯助以
束帛以將厚意王命尹氏及王子虎內史叔興父策命晉侯
爲侯伯以策書命晉侯爲伯也周禮九命作伯尹氏王子虎皆王卿士也叔興父大夫也三官命
之以寵晉賜之大輅之服戎輅之服大輅金輅戎輅戎車二輅各有服彤
弓一彤矢百玈弓矢千彤赤弓玈黑弓弓一矢百則矢千弓十矣諸侯賜弓矢然
後專征伐○[玈]音盧秬鬯一卣秬黑黍鬯香酒所以降神卣器名○[卣]音酉虎賁三
百人曰王謂叔父敬服王命以綏四國糾逖王慝逖遠
也有惡於王者糾而遠之○[賁]音奔[逖]勑歷反[慝]他得反晉侯三辭從命曰重耳
敢再拜稽首奉揚天子之丕顯休命稽首首至地丕大也休美也○
[三]息暫反又如字受策以出出入三覲出入猶去來也從來至去凡三見王衛

侯聞楚師敗懼出奔楚遂適陳（自襄牛出）使元咺奉叔武以受盟（奉使攝君事）癸亥王子虎盟諸侯于王庭（踐土宮之庭書踐土別於京師）要言曰皆獎王室無相害也有渝此盟明神殛之俾隊其師無克祚國（獎助也渝變也殛誅也俾使也隊隕也克能也○〔隊〕直類反）及而玄孫無有老幼君子謂是盟也信（合義信）謂晉於是役也能以德攻（以文德教民而後用之）初楚子玉自為瓊弁玉纓未之服也（弁以鹿子皮為之瓊玉之別名次之以飾弁及纓詩云會弁如星）先戰夢河神謂己曰畀余余賜女孟諸之麋（孟諸宋藪澤水草之交曰麋〔先〕如字又悉薦反）○弗致也大心與子西使榮黃諫（大心子玉之子子西子玉之族子玉剛愎故因榮黃榮黃榮季也○〔愎〕皮逼反）弗聽榮季曰

死而利國猶或爲之況瓊玉乎是糞土也而可以濟師將何愛焉因神之欲以附百姓之願濟師之理○[糞]弗問反弗聽出告二子曰非神敗令尹令尹其不勤民實自敗也盡心盡力無所愛惜爲勤既敗王使謂之曰大夫若入其若申息之老何申息二邑子弟皆從子玉而死言何以見其父老子西孫伯曰得臣將死二臣止之曰君其將以爲戮孫伯即大心子玉子也二子以此荅王使言欲令子玉往就君戮及連穀而死至連穀王無赦命故自殺也文十年傳曰城濮之役王使止子玉曰無死不及子西亦自殺縊而縣絕故得不死王時別遣追前使連穀楚地殺得臣經在踐土盟上傳在下者說晉事畢而次及楚屬文之宜○[屬]音燭晉侯聞之而後喜可知也喜見於顏色○[見]賢遍反曰莫余毒也已蔿呂臣實爲令尹奉己

而已不在民矣。言其自守。無大志。或訴元咺於衛侯曰立叔

武矣其子角從公公使殺之。角元咺子。○[從]才用反。又如字。咺不廢

命奉夷叔以入守。夷謚。○[守]手又反。六月晉人復衛侯。以叔武受

盟於踐土。故聽衛侯歸。○[聽]吐丁反。甯武子與衛人盟于宛濮。武子甯俞也。陳

留長垣縣西南有宛亭近濮水。曰天禍衛國君臣不協以及此憂也。

衛侯欲與楚。國人不欲。故不和也。今天誘其衷。衷中也。使皆降心以相

從也不有居者誰守社稷不有行者誰扞牧圉。牛曰牧。馬

曰圉。不協之故用昭乞盟于爾大神以誘天衷自今日

以往既盟之後行者無保其力居者無懼其罪有渝

此盟以相及也。以惡相及。明神先君是糾是殛國人聞此

盟也。而後不貳。傳言叔武之賢。甯俞之忠。衛侯所以書復歸。衛侯先期入。不信叔武。○[先]悉薦反。甯子先。長牂守門。以爲使也。與之乘而入。長牂衛大夫。甯子患公之欲速。故先入欲安喻國人。○[牂]子郎反。公子歂犬華仲前驅。衛侯遂驅。奄甯子未備。二子衛大夫。○[歂]市專反。[華]戶化反。又如字。叔武將沐。聞君至。喜。捉髮走出。前驅射而殺之。公知其無罪也。枕之股而哭之。公以叔武尸枕其股。○[射]食亦反。歂犬走出。手射叔武故。公使殺之。元咺出奔晉。元咺以衛侯驅入殺叔武故。至晉愬之。城濮之戰。晉中軍風于澤。牛馬因風而走。皆失之。亡大旆之左旃。大旆旗名。繫旐曰旆。通帛曰旃。○[旃]章然反。祁瞞奸命。掌此二事而不脩。爲奸軍令。○[瞞]莫干反。[奸]音干。司馬殺之。以徇于諸侯。使茅茷代之。師還。壬午。濟河。

舟之僑先歸士會攝右權代舟之僑也士會隨武子士蔿之孫○〔茷〕扶廢反秋七月丙申振旅愷以入于晉愷樂也○〔樂〕音洛○獻俘授馘飲至大賞授數也獻楚俘於廟○〔數〕色主反徵會討貳徵召諸侯將冬會于溫殺舟之僑以徇于國民於是大服君子謂文公其能刑矣三罪而民服三罪顚頡祁瞞舟之僑詩云惠此中國以綏四方不失賞刑之謂也詩大雅言賞刑不失則中國受惠四方安靖冬會于溫討不服也討衛許衛侯與元咺訟爭殺叔武事甯武子爲輔鍼莊子爲坐士榮爲大士大士治獄官也周禮命夫命婦不躬坐獄訟元咺又不宜與其君對坐故使鍼莊子爲主又使衛之忠臣及其獄官質正元咺傳曰王叔之宰與伯輿之大夫坐獄於王庭各不身親蓋今長吏有罪先驗吏卒之義也○〔鍼〕其廉反衛侯不勝三子

辭屈。殺士榮，刖鍼莊子，謂甯俞忠而免之。執衛侯，歸之于京師，寘諸深室。深室，別為囚室。甯子職納橐饘焉。甯俞以君在幽隘，故親以衣食為己職。橐，衣囊。饘，糜也。言其忠至，所慮者深。○饘，之然反。元咺歸于衛，立公子瑕。瑕，衛公子適也。是會也，晉侯召王，以諸侯見，且使王狩。晉侯大合諸侯，而欲尊事天子以為名義，自嫌強大，不敢朝周，喻王出狩，因得盡羣臣之禮，皆譎而不正之事。仲尼曰：以臣召君，不可以訓，故書曰天王狩于河陽。言非其地也，使若天王自狩，以失地故書河陽，實以屬晉，非王狩地。且明德也。隱其召君之闕，欲以明晉之功德。河陽之狩，趙盾之弒，泄冶之罪，皆違凡變例，以起大義危疑之理，故特稱仲尼以明之。壬申，公朝于王所。執衛侯，經在朝王下，傳在上者，告執晚。丁丑，諸侯圍許。十月十五日，有日無月。晉侯有疾，曹伯之豎侯襦貨筮史。（豎掌通內外者。史晉史。）使曰以曹為解。（以滅曹為解故。○[解]戶賣反。又古買反。）齊桓公為會而封異姓。（封邢衛。）今君為會而滅同姓。曹叔振鐸。文之昭也。（叔振鐸。曹始封君。文王之子。）先君唐叔武之穆也。且合諸侯而滅兄弟。非禮也。與衛偕命。（私許復曹衛。）而不與偕復。非信也。同罪異罰。非刑也。（衛已復故。）禮以行義。信以守禮。刑以正邪。舍此三者。君將若之何。公說。復曹伯。遂會諸侯于許。晉侯作三行以禦狄。荀林父將中行。屠擊將右行。先蔑將左行。（晉置上中下三軍。今復增置三行。以辟天子六軍之名。三行無佐。疑大夫帥。○[舍]音捨。[行]戶郎反。）

經。二十有九年。春。介葛盧來。（介。東夷國也。在城陽黔陬縣。葛盧。介君名也。不

稱朝不見公且不能行朝禮雖不見公國賓禮之故書公至自圍許無傳夏六月

會王人晉人宋人齊人陳人蔡人秦人盟于翟泉翟泉今洛陽城內大倉西南池水也魯侯諱盟天子大夫諸侯大夫又違禮盟公侯王子虎違禮下盟故不言公會又皆稱人○翟直歷反秋大雨雹○雨于付反雹蒲學反冬介葛盧來

傳二十九年春介葛盧來朝舍于昌衍之上魯縣東南有昌平城○衍以善反公在會饋之芻米禮也嫌公行不當致饋故曰禮也夏

公會王子虎晉狐偃宋公孫固齊國歸父陳轅濤塗秦小子憖盟于翟泉尋踐土之盟且謀伐鄭也經書蔡人而傳無名氏卿微者秦小子憖在蔡下者若宋向戌之後會○憖魚覲反卿不書罪之也晉侯始霸翼戴天子諸侯輯睦王室無虞而王子虎下盟列國以瀆大典諸侯大夫上敵公侯虧禮傷教

故貶諸大夫諱公與盟在禮卿不會公侯會伯子男可也大國之卿
當小國之君故可以會伯子男諸卿之見貶亦兼有此闕故傳重發之秋大雨雹爲災
也冬介葛盧來以未見公故復來朝禮之加燕好燕燕
禮也好好貨也一歲再來故加之介葛盧聞牛鳴曰是生三犧皆用
之矣其音云問之而信傳言人聽或通鳥獸之情
經三十年春王正月夏狄侵齊秋衛殺其大夫元咺
及公子瑕咺見殺稱名者訟君求直又先歸立公子瑕非國人所與罪之也瑕立經年未會諸
侯故不稱君衛侯鄭歸于衛魯爲之請故從諸侯納之例例在成十八年晉人
秦人圍鄭晉軍函陵秦軍氾南各使微者圍鄭故稱人○氾音凡介人侵蕭無傳
冬天王使宰周公來聘周公天子三公兼冢宰也○兼如字又經念反公子

遂如京師遂如晉如京師報宰周公

傳三十年春晉人侵鄭以觀其可攻與否狄閒晉之有鄭虞也夏狄侵齊齊晉與國晉侯使醫衍酖衛侯衍醫名晉侯實怨衛侯欲殺而罪不及死故使醫因治疾而加酖毒甯俞貨醫使薄其酖不死甯俞視衛侯衣食故得知之公爲之請納玉於王與晉侯皆十瑴王許之雙玉曰瑴公本與衛同好故爲之請○〔瑴〕音角秋乃釋衛侯衛侯使賂周歂冶廑曰苟能納我吾使爾爲卿恐元咺距己故賂周冶○〔歂〕市專反〔廑〕音覲又音謹周冶殺元咺及子適子儀子儀瑕母弟不書殺賤也○〔適〕丁歷反公入祀先君周冶既服將命服卿服將入廟受命周歂先入及門遇疾而死冶廑辭卿見周歂死而懼九月甲午

晉侯秦伯圍鄭以其無禮於晉文公亡過鄭鄭不禮之且貳於楚也晉軍函陵秦軍氾南此東氾也在熒陽中牟縣南佚之狐言於鄭伯曰國危矣若使燭之武見秦君師必退佚之狐燭之武皆鄭大夫公從之辭曰臣之壯也猶不如人今老矣無能爲也已公曰吾不能早用子今急而求子是寡人之過也然鄭亡子亦有不利焉許之夜縋而出縋縣城而下○〔縋〕丈僞反見秦伯曰秦晉圍鄭鄭既知亡矣若亡鄭而有益於君敢以煩執事執事亦謂秦越國以鄙遠君知其難也設得鄭以爲秦邊邑則越晉而難保焉用亡鄭以陪鄰陪益也鄰之厚君之薄也若舍鄭以爲東道主行李之往來共其

乏困。行李，使人。○〔舍〕音捨。又如字。〔共〕音恭。君亦無所害。且君嘗爲晉君賜矣。許君焦瑕，朝濟而夕設版焉，君之所知也。晉君謂惠公也。焦瑕，晉河外五城之二邑。朝濟河而夕設版築以距秦，言背秦之速。夫晉何厭之有。既東封鄭，又欲肆其西封。封，疆也。肆，申也。○〔厭〕於鹽反。若不闕秦，將焉取之。闕秦以利晉，唯君圖之。秦伯說，與鄭人盟，使杞子、逢孫、楊孫戍之，乃還。三子，秦大夫。反爲鄭守。子犯請擊之。公曰：不可。微夫人之力不及此。請擊秦也。夫人謂秦穆公。○〔夫〕音扶。因人之力而敝之，不仁。失其所與，不知。以亂易整，不武。秦晉和整，而還相攻，更爲亂也。○〔知〕音智。吾其還也。亦去之。初，鄭公子蘭出奔晉，蘭，鄭穆公。從於晉侯伐鄭，請無與圍鄭。許之，使待命于東。晉東界。〔與〕音預。○鄭石申父侯宣多逆以為大子以求成于晉。晉人許之。二子鄭大夫。言穆公所以立。冬。王使周公閱來聘。饗有昌歜白黑形鹽。昌歜。昌蒲葅。白。熬稻。黑。熬黍。形鹽。鹽形象虎。○〔歜〕在感反。〔葅〕莊居反。辭曰。國君文足昭也。武可畏也。則有備物之饗。以象其德。薦五味。羞嘉穀。鹽虎形。嘉穀。熬稻黍也。以象其文也。鹽虎形。以象武也。以獻其功。吾何以堪之。東門襄仲將聘于周。遂初聘于晉。公既命襄仲聘周。未行。故曰將。又命自周聘晉。故曰遂。自入春秋。魯始聘晉。故曰初。

經三十有一年。春。取濟西田。晉分曹田以賜魯。故不繫曹。不用師徒。故曰取。公子遂如晉。夏四月。四卜郊。不從。乃免牲。龜曰卜。不從。不吉也。

卜郊不吉故免牲免猶縱也猶三望三望分野之星國中山川皆因郊祀望而祭之魯廢郊天而修其小祀故曰猶猶者可止之辭秋七月冬杞伯姬來求婦無傳自爲其子成昏狄圍衛十有二月衛遷于帝丘辟狄難也帝丘今東郡濮陽縣故帝顓頊之虛故曰帝丘○〔虛〕起魚反

傳三十一年春取濟西田分曹地也二十八年晉文討曹分其地竟界未定至是乃以賜諸侯使臧文仲往宿於重館高平方與縣西北有重鄉城○〔重〕直龍反〔方〕音房〔與〕音預重館人告曰晉新得諸侯必親其共不速行將無及也從之分曹地自洮以南東傅于濟盡曹地也文仲不書請田而已非聘享會同也濟水自熒陽東過魯之西至樂安入海○〔傅〕音附襄仲如晉拜曹田也夏四月四卜郊不從乃免牲非

禮也 諸侯不得郊天魯以周公故得用天子禮樂故郊爲魯常祀 猶三望亦非禮也禮不卜常祀 必其時 而卜其牲日 卜牲與日知吉凶 牛卜日曰牲 既得吉日則牛改名曰牲 牲成而卜郊上怠慢也 怠於占典慢瀆龜策 望郊之細也不郊亦無望可也秋晉蒐于清原作五軍以禦狄 二十八年晉作三行今罷之更爲上下新軍河東聞喜縣北有清原○〔行〕戶郎反 趙衰爲卿 二十七年命趙衰爲卿讓於欒枝今始從原大夫爲新軍帥 冬狄圍衞衞遷于帝丘卜曰三百年衞成公夢康叔曰相奪予享 相夏后啓之孫居帝丘享祭也○〔相〕息亮反 公命祀相甯武子不可曰鬼神非其族類不歆其祀 歆猶饗也○〔歆〕許金反 ○杞鄫何事 言杞鄫夏後自當祀相 相之不享於此久矣非衞之罪也 言帝丘久不祀

相非衞所絕。不可以閒成王周公之命祀諸侯受命各有常祀。請改祀命。改祀相之命。鄭洩駕惡公子瑕鄭伯亦惡之故公子瑕出奔楚。瑕文公子傳爲納瑕張本洩駕亦鄭大夫隱五年洩駕距此九十年疑非一人。

經三十有二年春王正月夏四月己丑鄭伯捷卒。無傳文公也三同盟。衞人侵狄。報前年狄圍衞。秋衞人及狄盟。不地者就狄廬帳盟。冬十有二月己卯晉侯重耳卒。同盟踐土翟泉。

傳三十二年春楚鬭章請平于晉晉陽處父報之晉楚始通。陽處父晉大夫晉楚自春秋以來始交使命爲和同。夏狄有亂衞人侵狄狄請平焉。秋衞人及狄盟。冬晉文公卒。庚辰將殯于曲沃。殯窆棺也曲沃有舊宮焉。○窆彼驗反。出絳柩有聲如牛。如牛呴聲。

○〔呴〕呼口反。卜偃使大夫拜。曰。君命大事。將有西師過軼我。擊之必大捷焉。聲自柩出。故曰君命。大事。戎事也。卜偃聞秦密謀。故因柩聲以正衆心。○〔過〕古禾反。又古臥反。〔軼〕直結反。又音逸。杞子自鄭使告于秦。三十年。秦使大夫杞子戍鄭。曰。鄭人使我掌其北門之管。管。籥也。若潛師以來。國可得也。穆公訪諸蹇叔。蹇叔曰。勞師以襲遠。非所聞也。蹇叔。秦大夫。師勞力竭。遠主備之。無乃不可乎。師知所爲。鄭必知之。勤而無所。必有悖心。將害良善。〔悖〕必內反。○且行千里。其誰不知。公辭焉。辭。不受其言。召孟明西乞白乙。使出師於東門之外。孟明。百里孟明視。西乞。西乞術。白乙。白乙丙。蹇叔哭之。曰。孟子。吾見師之出而不見其入也。公使謂之曰爾何知中壽爾墓之木拱矣合手曰拱。言其過老悖不可用。蹇叔之子與師哭而送之曰晉人禦師必於殽殽在弘農澠池縣西。○[殽]戶交反。[澠]緜善反。又羊恕反。[與]音預。殽有二陵焉大阜曰陵。其南陵夏后皋之墓也皋。夏桀之祖父。其北陵文王之所辟風雨也此道在二殽之閒南谷中。谷深委曲。兩山相嶔。故可以辟風雨。古道由此。魏武帝西討巴漢。惡其險而更開北山高道。○[辟]音避。[嶔]許金反。必死是閒以其深險故。余收爾骨焉秦師遂東爲明年晉敗秦于殽傳。

經三十有三年春王二月秦人入滑滅而書入。不能有其地。齊侯使國歸父來聘夏四月辛巳晉人及姜戎敗秦師于殽晉侯諱背喪用兵。故通以賤者告。姜戎。姜姓之戎。居晉南鄙。戎子駒支之先也。晉人角之。諸戎踦之不同陳故言及○[踦]居綺反癸巳葬晉文公狄侵齊公伐邾取訾婁秋公子遂帥師伐邾晉人敗狄于箕大原陽邑縣南有箕城郤缺稱人者未爲卿○[訾]子斯反冬十月公如齊十有二月公至自齊乙巳公薨于小寢小寢內寢也乙巳十一月十二日經書十二月誤隕霜不殺草李梅實無傳書時失也周十一月今九月霜當微而重重而不能殺草所以爲災晉人陳人鄭人伐許

傳三十三年春秦師過周北門左右免冑而下王城之北門冑兜鍪兵車非大將御者在中故左右下御不下超乘者三百乘王孫滿尚幼觀之言於王曰秦師輕而無禮必敗謂過天子門不卷甲束兵超乘示勇○[輕]遣政反輕則寡謀無禮則脫脫易也○[脫]他活反入險而

脫。又不能謀。能無敗乎。及滑。鄭商人弦高將市於周。遇之。以乘韋先牛十二犒師。（商行賈也。乘四韋。先韋乃入牛。古者將獻遺於人。必有以先之。○[先]悉薦反。）曰。寡君聞吾子將步師出於敝邑。敢犒從者。不腆敝邑。爲從者之淹。居則具一日之積。（腆厚也。淹久也。積芻米菜薪。○[從]才用反。[積]子賜反。）行則備一夕之衛。且使遽告于鄭。（遽傳車。○[遽]其據反。[傳]張戀反。）鄭穆公使視客館。（視秦三大夫之舍。）則束載厲兵秣馬矣。（嚴兵待秦師。）使皇武子辭焉。曰。吾子淹久於敝邑。唯是脯資餼牽竭矣。（資糧也。生曰餼。牽謂牛羊豕。○[餼]許氣反。）爲吾子之將行也。（示知其情。）鄭之有原圃。猶秦之有具囿也。（原圃。具囿。皆囿名。）吾子取其麋鹿以閒敝邑。若何。（使秦戍自取麋

（鹿以爲行資。今敝邑得閒暇。若何猶如何。滎陽中牟縣西有圃田澤。○〔閒〕音閑。）杞子奔齊。逢孫揚孫奔宋。孟明曰。鄭有備矣。不可冀也。攻之不克。圍之不繼。吾其還也。滅滑而還。齊國莊子來聘。自郊勞至于贈賄。禮成而加之以敏。（迎來曰郊勞。送去曰贈賄。敏。審當於事。○〔勞〕力報反。）臧文仲言於公曰。國子爲政。齊猶有禮。君其朝焉。臣聞之。服於有禮。社稷之衛也。（爲公如齊傳。）晉原軫曰。秦違蹇叔。而以貪勤民。天奉我也。（奉。與也。）奉不可失。敵不可縱。縱敵患生。違天不祥。必伐秦師。欒枝曰。未報秦施而伐其師。其爲死君乎。（言以君死故忘秦施。○〔施〕始豉反。）先軫曰。秦不哀吾喪。而伐吾同姓。秦則無禮。何施之爲。（言秦

（以無禮加己施不足顧）吾聞之一日縱敵數世之患也謀及子孫可謂死君乎（言不可謂背君○(數)所主反）遂發命遽興姜戎子墨衰絰（晉文公未葬故襄公稱子以凶服從戎故墨之）梁弘御戎萊駒爲右夏四月辛巳敗秦師于殽獲百里孟明視西乞術白乙丙以歸遂墨以葬文公晉於是始墨（後遂常以爲俗記禮所由變）文嬴請三帥（文嬴晉文公始適秦秦穆公所妻夫人襄公嫡母三帥孟明等）曰彼實構吾二君寡君若得而食之不厭君何辱討焉使歸就戮于秦以逞寡君之志若何公許之先軫朝問秦因公曰夫人請之吾舍之矣先軫怒曰武夫力而拘諸原婦人暫而免諸國（暫猶卒也○(厭)於豔反又於豔反）墮軍實

而長寇讎亡無日矣。墮毁也。〔隳〕許規反。○不顧而唾。公使陽處父追之。及諸河。則在舟中矣。釋左驂以公命贈孟明。欲使還拜謝。因而執之。孟明稽首曰。君之惠不以纍臣釁鼓。纍囚繫也。殺人以血塗鼓。謂之釁鼓。使歸就戮于秦。寡君之以爲戮。死且不朽。若從君惠而免之。三年將拜君賜。意欲報伐晉。秦伯素服郊次。待之於郊。鄉師而哭曰。孤違蹇叔以辱二三子。孤之罪也。不替孟明。孤之過也。大夫何罪。且吾不以一眚掩大德。眚過也。○〔鄉〕許亮反。〔眚〕所景反。狄侵齊。因晉喪也。公伐邾。取訾婁。以報升陘之役。在二十二年。邾人不設備。秋。襄仲復伐邾。魯亦因晉喪以陵小國。狄伐晉。及箕。八月戊子。晉侯敗狄于箕郤缺獲白狄子白狄狄別種也故西河郡有白部胡先軫曰匹夫逞志於君謂不顧而唾而無討敢不自討乎免冑入狄師死焉狄人歸其元元首面如生言其有異於人初臼季使過冀見冀缺耨其妻饁之白季胥臣也冀晉邑耨鋤也野饋曰饁○〔耨〕乃豆反〔饁〕于輒反敬相待如賓與之歸言諸文公曰敬德之聚也能敬必有德德以治民君請用之臣聞之出門如賓如見大賓承事如祭常謹敬也仁之則也公曰其父有罪可乎缺父冀芮欲殺文公在二十四年○〔殺〕音試或如字對曰舜之罪也殛鯀其舉也興禹禹鯀子管敬仲桓之賊也實相以濟康誥曰父不慈子不祗兄不友弟不共不相及也康誥周書祗敬也○〔相〕息

亮反。詩曰。采葑采菲。無以下體。君取節焉。可也。詩國風也。葑菲之菜。上善下惡。食之者不以其惡而弃其善。言可取其善節。文公以為下軍大夫。反自箕。襄公以三命命先且居將中軍。且居。先軫之子。其父死敵。故進之。○[且]子徐反。以再命命先茅之縣賞胥臣。曰。舉郤缺。子之功也。先茅絕後。故取其縣以賞胥臣。以一命命郤缺為卿。復與之冀。還其父故邑。亦未有軍行。雖登卿位。未有軍列。○[行]戶剛反。冬。公如齊朝。且弔有狄師也。反。薨于小寢。即安也。小寢。夫人寢也。譏公就所安。不終于路寢。晉陳鄭伐許。討其貳於楚也。楚令尹子上侵陳蔡。陳蔡成。遂伐鄭。將納公子瑕。三十一年。瑕奔楚。門于桔柣之門。瑕覆于周氏之汪。車傾覆池水中。○[桔]戶結反。[柣]大結反。[汪]烏黃反。

外僕髡屯禽之以獻殺瑕以獻鄭伯文夫人斂而葬之鄶城之下鄭文公夫人也。鄶城故鄶國。在滎陽密縣東北。傳言穆公所以遂有國。○斂力豔反。鄶古外反。

晉陽處父侵蔡楚子上救之與晉師夾泜而軍泜水出魯陽縣東。經襄城、定陵入汝。○泜音雉。又直里反。陽子患之使謂子上曰吾聞之文不犯順武不違敵子若欲戰則吾退舍子濟而陳欲辟楚。使渡成陳而後戰。遲速唯命不然紓我紓。緩也。○紓音舒。一直呂反。老師費財亦無益也師久爲老。乃駕以待子上欲涉大孫伯曰不可晉人無信半涉而薄我悔敗何及不如紓之乃退舍楚退。欲使晉渡。陽子宣言曰楚師遁矣遂歸楚師亦歸大子商臣譖子上曰受晉賂而辟之楚之恥也罪莫大焉。王殺子上。商臣怨子上止王立己。故譖之。葬僖公緩。文公元年。經書四月葬僖公。僖公實以今年十一月薨。并閏七月乃葬。故傳云緩。自此以下。遂因說作主祭祀之事。文相次也。皆當次在經葬僖公下。今在此。簡編倒錯。作主。非禮也。文二年乃作主。遂因葬文通譏之。凡君薨。卒哭而祔。祔而作主。特祀於主。既葬反虞則免喪。故曰卒哭。哭止也。以新死者之神祔之於祖。尸柩已遠。孝子思慕。故進木主。立几筵焉。特用喪禮祭祀於寢。不同之於宗廟。言凡君者。謂諸侯以上。不通於卿大夫。烝嘗禘於廟。冬祭曰烝。秋祭曰嘗。新主既特祀於寢。則宗廟四時常祀自如舊也。三年禮畢。又大禘。乃皆同於吉。

春秋經傳集解僖公下第七

春秋經傳集解文公上第八

文公名興僖公子母聲姜諡法慈惠愛民曰文忠信接禮曰文

杜氏註　盡十年

經元年春王正月公卽位無傳先君未葬而公卽位不可曠年無君二月癸亥日有食之無傳癸亥月一日不書朔官失之天王使叔服來會葬叔氏服字諸侯喪天子使大夫會葬禮也夏四月丁巳葬我君僖公七月而葬緩天王使毛伯來錫公命毛國伯爵諸侯爲王卿士者諸侯卽位天子賜以命圭合瑞爲信僖十一年王賜晉侯命亦其比也晉侯伐衛晉襄公先告諸侯而伐衛雖大夫親伐而稱晉侯從告辭也叔孫得臣如京師得臣叔牙之孫衛人伐晉衛孔達爲政不共盟主興兵鄭國受討喪邑故貶稱人秋公孫敖會晉侯于戚

戚衛邑在頓丘衛縣西禮卿不會公侯而春秋魯大夫皆不貶者體例已舉故據用魯史成文而已內稱公卒稱薨皆用魯史冬十月丁未楚世子商臣弒其君頵商臣穆王也弒君例在宣四年〔頵〕憂倫反又丘倫反○公孫敖如齊傳例曰始聘焉禮也

傳元年春王使內史叔服來會葬公孫敖聞其能相人也公孫敖魯大夫慶父之子見其二子焉叔服曰穀也食子難也收子穀文伯難惠叔食子奉祭祀供養者也收子葬子身也○〔見〕賢遍反〔食〕音嗣〔難〕乃多反又如字穀也豐下必有後於魯國豐下蓋面方爲八年公孫敖奔莒傳於是閏三月非禮也於歷法閏當在僖公末年誤於今年三月置閏蓋時達歷者所譏先王之正時也履端於始舉正於中歸餘於終步歷之始以爲術之端首朞之日三百六十有六日日月之行又有遲速而必分爲十二月舉中氣以正月有餘日則歸

之於終，積而爲閏，故言歸餘於終。）履端於始，序則不愆。（四時無愆過。）舉正於中，民則不惑。（斗建不失其次，寒暑不失其常，故無疑惑。）歸餘於終，事則不悖。（四時得所，則事無悖亂。）

夏四月丁巳，葬僖公。（傳皆不虛載經文，而此經孤見，知僖公末年傳宜在此下。）

王使毛伯衛來錫公命。（衛，毛伯字。）叔孫得臣如周拜。（謝賜命。）

晉文公之季年，諸侯朝晉，衛成公不朝，使孔達侵鄭，伐緜、訾及匡。（孔達，衛大夫。匡在潁川新汲縣東北。○[訾]子斯反。）晉襄公既祥，（諸侯諒闇，亦因祥祭爲位而哭。）使告于諸侯而伐衛，及南陽。（今河內地。）先且居曰：效尤，禍也。（尤衛不朝，故伐；今不朝王，是效衛致禍。時王在溫，故勸之。○[且]子餘反。）請君朝王，臣從師。晉侯朝王于溫。先且居、胥臣伐衛。五月辛酉朔，晉師圍戚。六月戊戍。取之。獲孫昭子。昭子衞大夫。食戚邑。衞人使告于陳。陳共公曰。更伐之。我辭之。見伐求和。不競大甚。故使報伐。示己力足以距晉。○共音恭。更古孟反。又音庚。衞孔達帥師伐晉。君子以爲古。古者越國而謀。合古之道。而失今事霸主之禮。故國失其邑。身見執辱。秋。晉侯疆戚田。故公孫敖會之。晉取衞田。正其疆界。初。楚子將以商臣爲大子。訪諸令尹子上。子上曰。君之齒未也。齒。年也。言尚少。而又多愛。黜乃亂也。楚國之舉。恒在少者。舉。立也。且是人也。蠭目而豺聲。忍人也。能忍行不義。○蠭本作蜂。不可立也。弗聽。既又欲立王子職而黜大子商臣。職。商臣庶弟。商臣聞之而未察。告其師潘崇曰。若之何而察之。潘崇曰。享江芊而勿敬也。

江芊成王妹嫁於江○〔芊〕亡氏反從之江芊怒曰呼役夫呼發聲也役夫賤者稱○〔呼〕好賀反宜君王之欲殺女而立職也告潘崇曰信矣潘崇曰能事諸乎問能事職不○〔女〕音汝曰不能能行乎曰不能能行大事乎曰能大事謂弒君冬十月以宮甲圍成王大子宮甲僖二十八年王以東宮卒從子玉蓋取此宮甲王請食熊蹯而死熊掌難孰冀久將有外救○〔蹯〕音煩弗聽丁未王縊謚之曰靈不瞑曰成乃瞑言其忍甚未斂而加惡謚○〔瞑〕亡丁反又亡千反穆王立以其爲大子之室與潘崇使爲大師且掌環列之尹環列之尹宮衛之官列兵而環王宮穆伯如齊始聘焉禮也穆伯公孫敖凡君即位卿出並聘踐脩舊好要結外援踐猶履行也好事鄰國以衛社稷

忠信卑讓之道也忠德之正也信德之固也卑讓德之基也傳因此發凡以明諸侯諒闇則國事皆用吉禮殽之役在僖三十三年晉人既歸秦帥秦大夫及左右皆言於秦伯曰是敗也孟明之罪也必殺之秦伯曰是孤之罪也周芮良夫之詩曰大風有隧貪人敗類詩大雅隧蹊徑也周大夫芮伯刺厲王言貪人之敗善類若大風之行毀壞衆物所在成蹊徑○芮如銳反聽言則對誦言如醉言昏亂之君不好典誦之言聞之若醉得道聽塗說之言則喜而荅對匪用其良覆俾我悖覆反也俾使也不用良臣之言反使我爲悖亂是貪故也孤之謂矣孤實貪以禍夫子夫子何罪復使爲政爲明年秦晉戰彭衙傳

經二年春王二月甲子晉侯及秦師戰于彭衙秦師

敗績孟明名氏不見非命卿也大崩曰敗績馮翊郃陽縣西北有彭衙城○〔郃〕戶納反**丁丑**

作僖公主主者殷人以柏周人以栗三年喪終則遷入於廟**三月乙巳及晉處父盟**處父為晉正卿不能匡君以禮而親與公盟故貶其族族去則非卿故以微人常稱為耦以直厭不直不地者盟晉都**夏六月公孫敖會宋公陳侯鄭伯晉士縠盟于垂隴**垂隴鄭地滎陽縣東有隴城士縠出盟諸侯受成於衛故貴而書名氏○〔縠〕戶木反

自十有二月不雨至于秋七月無傳周七月今五月也不雨足為災不書旱五穀猶有收

八月丁卯大事于大廟躋僖公大事禘也躋升也僖公閔公庶兄繼閔而立廟坐宜次閔下今升在閔上故書而譏之時未應吉禘而於大廟行之其譏已明徒以逆祀故特大其事異其文

冬晉人宋人陳人鄭人伐秦四人皆卿秦穆悔過終用孟明故貶四國大夫以尊秦

公子遂如齊納幣傳曰禮也僖公喪終

此年十一月則納幣在十二月也士昏六禮其一納采納徵始有玄纁束帛諸侯則謂之納幣其禮與士禮不同蓋公爲大子時已行昏禮

傳二年春秦孟明視帥師伐晉以報殽之役二月晉侯禦之先且居將中軍趙衰佐之代郤溱○衰初危反王官無地御戎代梁弘狐鞫居爲右鞫居續簡伯○鞫九六反甲子及秦師戰于彭衙秦師敗績晉人謂秦拜賜之師以孟明言三年將拜君賜故嗤之戰於殽也晉梁弘御戎萊駒爲右戰之明日晉襄公縛秦囚使萊駒以戈斬之囚呼萊駒失戈狼瞫取戈以斬囚禽之以從公乘遂以爲右箕之役箕役在僖三十三年○呼火故反瞫尺甚反字林式衽反乘繩證反先軫黜之而立續簡

伯。狼瞫怒。其友曰。盍死之。瞫曰。吾未獲死所。未得可死處。其友曰。吾與女爲難。欲共殺先軫。○(難)乃旦反。瞫曰。周志有之。勇則害上。不登於明堂。周志。周書也。明堂。祖廟也。所以策功序德。故不義之士不得升。死而不義。非勇也。共用之謂勇。共用。死國用。○(共)音恭。吾以勇求右。無勇而黜。亦其所也。言今死而不義。更成無勇。宜見退。謂上不我知。黜而宜。乃知我矣。言今見黜而合宜。則吾不得復言上不我知。子姑待之。及彭衙。既陳。以其屬馳秦師。死焉。屬。屬己兵。○(陳)去聲。晉師從之。大敗秦師。君子謂狼瞫於是乎君子。詩曰。君子如怒。亂庶遄沮。詩小雅。言君子之怒。必以止亂。遄。疾也。沮。止也。又曰。王赫斯怒。爰整其旅。詩大雅。言文王赫然奮怒。則整師旅以討亂。怒不作亂而以從師可謂君子矣秦伯猶用孟明孟明增脩國政重施於民趙成子言於諸大夫曰成子趙衰○〔施〕去聲秦師又至將必辟之懼而增德不可當也詩曰毋念爾祖聿脩厥德詩大雅言念其祖考則宜述脩其德以顯之毋念念也孟明念之矣念德不怠其可敵乎爲明年秦人伐晉傳丁丑作僖公主書不時也過葬十三月故曰不時例在僖三十三年晉人以公不朝來討公如晉夏四月己巳晉人使陽處父盟公以耻之使大夫盟公欲以耻辱魯也經書三月乙巳經傳必有誤書曰及晉處父盟以厭之也厭猶損也晉以非禮盟公故文厭之以示譏○〔厭〕於涉反適晉不書諱之也不書公如晉公未至六月穆伯會諸侯及晉司空士縠盟于垂隴晉

討衛故也。（討元年衛人伐晉。士縠，士蔿子。）書士縠堪其事也。（晉司空，非卿也。以士縠能堪卿事，故書。）陳侯爲衛請成于晉。執孔達以說。（陳始與衛謀，謂可以強得免。今晉不聽，故更執孔達以苟免也。）秋八月丁卯，大事于大廟。躋僖公。逆祀也。（僖是閔兄，不得爲父子。嘗爲臣，位應在下，今居閔上，故曰逆祀。）於是夏父弗忌爲宗伯。（宗伯，掌宗廟昭穆之禮。）尊僖公，且明見曰：吾見新鬼大，故鬼小。（新鬼，僖公，既爲兄，死時年又長。故鬼，閔公，死時年少。弗忌明言其所見。）先大後小，順也。躋聖賢，明也。（又以僖公爲聖賢。）明順，禮也。君子以爲失禮。禮無不順。祀，國之大事也，而逆之，可謂禮乎。子雖齊聖，不先父食久矣。（齊，肅也。臣繼君，猶子繼父。○〔先〕去聲，下同。）故禹不先鯀，湯不先契，（鯀，禹父。契，湯十三世祖。）文武不先不窋不窋后稷子○[窋]知律反宋祖帝乙鄭祖厲王猶上祖也帝乙微子父厲王鄭桓公父二國不以帝乙厲王不肖而猶尊尚之是以魯頌曰春秋匪解享祀不忒皇皇后帝皇祖后稷忒差也皇皇美也后帝天也詩頌僖公郊祭上天配以后稷○[解]佳賣反君子曰禮謂其后稷親而先帝也先稱帝也詩曰問我諸姑遂及伯姊詩邶風也衛女思歸而不得故願致問於姑姊○[邶]音佩君子曰禮謂其姊親而先姑也僖親文公父夏父弗忌欲阿時君先其所親故傳以此二詩深責其意仲尼曰臧文仲其不仁者三不知者三下展禽展禽柳下惠也文仲知柳下惠之賢而使在下位己欲立而立人○不[知]音智廢六關塞關陽關之屬凡六關所以禁絕末遊而廢之妾織蒲三不仁也家人販席言其與民爭利作虛器謂居蔡山節藻梲也有其器而無其位故曰虛縱逆祀

聽夏父躋僖公祀爰居三不知也海鳥曰爰居止於魯東門外文仲以爲神命國人祀之冬晉先且居宋公子成陳轅選鄭公子歸生伐秦取汪及彭衙而還以報彭衙之役卿不書爲穆公故尊秦也謂之崇德襄仲如齊納幣禮也凡君卽位好舅甥脩昏姻娶元妃以奉粢盛孝也謂諒闇既終嘉好之事通于外內外之禮始備此除凶之卽位也於是遣卿申好舅甥之國脩禮以昏姻也元妃嫡夫人奉粢盛共祭祀○〔好〕呼報反孝禮之始也

經三年春王正月叔孫得臣會晉人宋人陳人衞人鄭人伐沈沈潰傳例曰民逃其上曰潰沈國名也汝南平輿縣北有沈亭○〔輿〕音餘一音預夏五月王子虎卒不書爵者天王赴也翟泉之盟雖輒假王命周王因以同盟之

例為赴。秦人伐晉。晉人恥不出以微者告。秋楚人圍江。雨螽于宋。自上而隨有似於雨宋人以其死為得天祐喜而來告故書。○(雨)于付反(隨)徒火反。冬公如晉。

十有二月己巳。公及晉侯盟。晉陽處父帥師伐楚以救江。

傳三年春。莊叔會諸侯之師伐沈。以其服於楚也。沈潰。凡民逃其上曰潰。在上曰逃。潰衆散流移若積水之潰自壞之象也國君輕走羣臣不知其謀與匹夫逃竄無異是以在衆曰潰在上曰逃各以類言之。衛侯如陳。拜晉成也。二年陳侯為衛請成于晉。夏四月乙亥。王叔文公卒。來赴弔如同盟。禮也。王子虎與僖公同盟於翟泉文公是同盟之子故赴以名傳因王子虎異於諸侯王叔又未與文公盟故於此顯示體例也經書五月又不書日從赴也。秦伯伐晉。

濟河焚舟。示必死也。取王官及郊。王官、郊，晉地。晉人不出。遂自茅津濟，封殽尸而還。茅津在河東大陽縣西。封，埋藏之。○〔大〕音泰。遂霸西戎，用孟明也。君子是以知秦穆公之爲君也，舉人之周也。周，備也。不偏以一惡弃其善。與人之壹也。壹，無二心。孟明之臣也，其不解也，能懼思也。子桑之忠也，其知人也，能舉善也。子桑，公孫枝。舉孟明者。詩曰：于以采蘩，于沼于沚，于以用之，公侯之事。秦穆有焉。詩國風。言沼沚之蘩至薄，猶采以共公侯，以喻秦穆不遺小善。夙夜匪解，以事一人。孟明有焉。詩大雅。美仲山甫也。一人，天子也。詒厥孫謀，以燕翼子。子桑有焉。詒，遺也。燕，安也。翼，成也。詩大雅，美武王能遺其子孫善謀，以安成子孫。言子桑有舉善之謀。秋，雨螽于宋，隊而死也。螽飛至宋。

隊地而死若雨○[隊]直類反楚師圍江晉先僕伐楚以救江晉救江在
雨蠡下故使圍江之經隨在雨蠡下冬晉以江故告于周欲假天子之威以伐楚
王叔桓公晉陽處父伐楚以救江桓公周卿士王叔文公之子桓公不
書示威名不親伐門于方城遇息公子朱而還子朱楚大夫伐江之帥也
聞晉師起而江兵解故晉亦還晉人懼其無禮於公也請改盟改二年處
父之盟公如晉及晉侯盟晉侯饗公賦菁菁者莪菁菁者莪
詩小雅取其既見君子樂且有儀莊叔以公降拜謝其以公比君子也曰小國
受命於大國敢不慎儀君貺之以大禮何樂如之抑
小國之樂大國之惠也晉侯降辭降堦辭讓公[樂]音洛下同○登
成拜俱還上成拜禮公賦嘉樂嘉樂詩大雅義取其顯顯令德宜民宜人受祿于天○[嘉]

戶嫁反
經四年春公至自晉無傳夏逆婦姜于齊稱婦有姑之辭狄侵
齊無傳秋楚人滅江滅例在文十五年晉侯伐秦衞侯使甯俞
來聘冬十有一月壬寅夫人風氏薨僖公母風姓也赴同祔姑故稱
夫人
傳四年春晉人歸孔達于衞以爲衞之良也故免之
二年衞執孔達以說晉夏衞侯如晉拜謝歸孔達曹伯如晉會正會受
貢賦之政也傳言襄公能繼文之業而諸侯服從逆婦姜于齊卿不行非禮
也禮諸侯有故則使卿逆君子是以知出姜之不允於魯也允信
也始來不見尊貴故終不爲國人所敬信也文公薨而見出故曰出姜曰貴聘而賤逆

之。公子遂納幣。是貴聘也。君而卑之。立而廢之。君。小君也。不以夫人禮迎。是卑廢之。弃信而壞其主。在國必亂。在家必亡。主。內主也。○〔壞〕音怪。不允宜哉。詩曰。畏天之威。于時保之。敬主之謂也。詩頌。言長天威。於是保福祿。秋。晉侯伐秦。圍邧新城。以報王官之役。邧新城。秦邑也。王官役在前年。○〔邧〕願晚反。一音元。楚人滅江。秦伯爲之降服出次。不舉。過數。降服。素服也。出次。辟正寢。不舉。去盛饌。鄰國之禮有數。今秦伯過之。○〔爲〕于僞反。下同。大夫諫。公曰。同盟滅。雖不能救。敢不矜乎。吾自懼也。秦江同盟。不告故不書。君子曰。詩云。惟彼二國。其政不獲。惟此四國。爰究爰度。其秦穆之謂矣。詩大雅。言夏商之君。政不得人心。故四方諸侯皆懼而謀度其政事也。言秦穆亦能感江之滅。懼而思政。爰。於也。究度。皆謀也。衛甯武子來聘公與之宴爲賦湛露及彤弓非禮之常公特命樂人以示意故言爲賦湛露彤弓詩小雅不辭又不荅賦使行人私焉私問之對曰臣以爲肄業及之也肄書也魯人失所賦甯武子佯不知此其愚不可及○[肄]以二反昔諸侯朝正於王朝而受政教也王宴樂之於是乎賦湛露則天子當陽諸侯用命也湛露曰湛湛露斯匪陽不晞晞乾也言露見日而乾猶諸侯稟天子命而行諸侯敵王所愾而獻其功敵猶當也愾恨怒也[愾]苦愛反○王於是乎賜之彤弓一彤矢百玈弓矢千以覺報宴覺明也謂諸侯有四夷之功王賜之弓矢又爲歌彤弓以明報功宴樂○[玈]音盧[覺]音角今陪臣來繼舊好方論天子之樂故自稱陪臣君辱貺之其敢干大禮以自取戾貺賜也干犯也戾罪也冬成風薨爲明年王使來

含賵傳。

經五年春王正月王使榮叔歸含且賵珠玉曰含。含口實。車馬曰賵。○〔含〕戶暗反。三月辛亥葬我小君成風無傳。反哭成喪。故曰葬我小君。王使召伯來會葬召伯天子卿也。召采地。伯爵也。來不及葬。不譏者。不失五月之內。夏公孫敖如晉無傳。秦人入鄀入例在十五年。○〔鄀〕音若。秋楚人滅六六國。今廬江六縣。冬十月甲申許男業卒無傳。與僖公六同盟。

傳五年春王使榮叔來含且賵召昭公來會葬禮也成風。莊公之妾。天子以夫人禮賵之。明母以子貴。故曰禮。初鄀叛楚卽秦又貳於楚夏秦人入鄀六人叛楚卽東夷秋楚成大心仲歸帥師滅六仲歸子家。冬楚公子燮滅蓼蓼。今安豐蓼縣。○〔燮〕息列反。〔蓼〕音了。

臧文仲聞六與蓼滅。曰。皐陶庭堅不祀忽諸。德之不建。民之無援。哀哉。蓼與六皆皐陶後也。傷二國之君不能建德結援大國。忽然而亡。

晉陽處父聘于衛。反過甯。甯嬴從之。甯。晉邑。汲郡脩武縣也。嬴。逆旅大夫。及溫而還。其妻問之。嬴曰。以剛。商書曰。沈漸剛克。高明柔克。沈漸猶滯溺也。高明猶亢爽也。言各當以剛柔勝己本性。乃能成全也。此在洪範。今謂之周書。○〔漸〕似廉反。○夫子壹之。其不沒乎。陽子性純剛。天爲剛德。猶不干時。寒暑相順。況在人乎。且華而不實。怨之所聚也。言過其行。犯而聚怨。不可以定身。剛則犯人。余懼不獲其利而離其難。是以去之。爲六年晉殺處父傳。○〔難〕乃旦反。

晉趙成子。欒貞子。霍伯。臼季皆卒。成子。趙衰。新上軍帥。中軍佐也。貞子。欒枝。下軍帥也。霍伯。先且居。中

（軍帥也。白季胥臣，下軍佐也。爲六年蒐於夷傳。）

經。六年，春，葬許僖公。（無傳。）夏，季孫行父如陳。（行父，季友孫。）秋，季孫行父如晉。八月乙亥，晉侯驩卒。（再同盟。）冬十月，公子遂如晉。葬晉襄公。（卿共葬事，文襄之制也。三月而葬，速。）晉殺其大夫陽處父。（處父侵官，宜爲國討，故不言賈季殺。）晉狐射姑出奔狄。（射姑，狐偃子賈季也。奔狄在宣十年。○[射]音亦，一音夜。）閏月不告月，猶朝于廟。（諸侯每月必告朔聽政，因朝宗廟。文公以閏非常月，故闕不告朔，怠慢政事。雖朝于廟，則如勿朝，故曰猶。猶者，可止之辭。）

傳。六年，春，晉蒐于夷，舍二軍。（僖三十一年晉蒐清原，作五軍，今舍二軍，復三軍之制。夷，晉地。前年四卿卒，故蒐以謀軍帥。○[舍]音捨。）使狐射姑將中軍，（代先且居。）趙盾佐之。（代趙衰也。盾，趙衰子。○[盾]徒本反。）陽處父至自溫，（往年聘衛，過溫。

今始至。○[過]古禾反。改蒐于董易中軍。易以趙盾爲帥射姑佐之河東汾陰縣有董亭。陽子成季之屬也。處父嘗爲趙衰屬大夫。故黨於趙氏且謂趙盾能曰使能國之利也是以上之宣子於是乎始爲國政。宣子趙盾諡。制事典。典常也。正法罪。輕重當。○[當]丁浪反。辟獄刑。辟猶理也。○[辟]婢亦反。董逋逃。董督也。由質要。由用也質要券契也。治舊洿。治理洿穢。○[洿]音烏。本秩禮。貴賤不失其本。續常職。脩廢官。出滯淹。拔賢能也。既成以授大傅陽子與大師賈佗使行諸晉國以爲常法。賈佗以公族從文公而不在五人之數。○[佗]徒何反[從]才用反。臧文仲以陳衛之睦也欲求好於陳夏季文子聘于陳且娶焉。臣非君命不越竟故因聘而自爲娶。秦伯任好卒。任好秦穆公名。○[任]音壬。以子車氏之三子奄息仲行鍼虎爲殉子車秦大夫氏也以人從葬爲殉○[行]音航[鍼]其廉反[殉]晉徇皆秦之良也國人哀之爲之賦黃鳥黃鳥詩秦風義取黃鳥止于棘桑往來得其所傷三良不然○[爲]于僞反君子曰秦繆之不爲盟主也宜哉死而弃民先王違世猶詒之法而況奪之善人乎詩曰人之云亡邦國殄瘁詩大雅言善人亡則國瘁病○[詒]以之反[瘁]似醉反無善人之謂若之何奪之古之王者知命之不長是以竝建聖哲建立聖知以司牧民樹之風聲因土地風俗爲立聲教之法分之采物旌旗衣服各有分制○[分]扶問反著之話言話善也爲作善言遺戒爲之律度鐘律度量所以治歷明時陳之藝極藝準也極中也貢獻多少之法傳曰貢之無藝又曰貢獻無極引之表儀引道也表儀猶威儀○[道]音導予之法制告

之訓典。訓典，先王之書。教之防利。防惡興利。委之常秩。委，任也。常秩，官司之常職。道之以禮。則使毋失其土宜。衆隸賴之。而後即命。即，就也。聖王同之。今縱無法以遺後嗣。而又收其良以死。難以在上矣。君子是以知秦之不復東征也。不能復征討東方諸侯，爲霸主。○復，扶又反。

秋。季文子將聘於晉。使求遭喪之禮以行。季文子，季孫行父也。聞晉侯疾故。其人曰。將焉用之。其人，從者。○從，去聲。文子曰。備豫不虞。古之善教也。求而無之。實難。難卒得。過求何害。所謂文子三思。

八月乙亥。晉襄公卒。靈公少。晉人以難故。欲立長君。立少君，恐有難。趙孟曰。立公子雍。趙孟，趙盾也。公子雍，文公子，襄公庶弟，杜祁之子。好善而長。先君愛之。且近於秦。

秦舊好也置善則固事長則順立愛則孝結舊則安爲難故故欲立長君有此四德者難必抒矣抒除也○〔抒〕直呂反又時呂反賈季曰不如立公子樂樂文公子○〔樂〕音岳一音洛辰嬴嬖於二君辰嬴懷嬴也二君懷公文公也立其子民必安之趙孟曰辰嬴賤班在九人班位也其子何震之有震威也且爲二嬖淫也爲先君子不能求大而出在小國辟也母淫子辟無威陳小而遠無援將何安焉杜祁以君故讓偪姞而上之杜祁杜伯之後祁姓也偪姞姞姓之女生襄公爲世子故杜祁讓使在己上○〔辟〕匹亦反〔偪〕彼力反〔姞〕其吉反以狄故讓季隗而己次之故班在四以季隗是文公託狄時妻故復讓之然則杜祁本班在二○〔隗〕五罪反先君是以愛其

子而仕諸秦。爲亞卿焉。亞，次也。言其賢，故位尊。秦大而近，足以爲援，母義子愛，足以威民，立之不亦可乎。使先蔑、士會如秦逆公子雍。先蔑，士伯也。士會，隨季也。賈季亦使召公子樂于陳。趙孟使殺諸郫。郫，晉地。○〔郫〕婢支反。賈季怨陽子之易其班也，本中軍帥，易以爲佐。而知其無援於晉也。少族多怨。九月，賈季使續鞫居殺陽處父。鞫居，狐氏之族。書曰晉殺其大夫，侵官也。君已命帥，處父易之，故曰侵官。冬十月，襄仲如晉葬襄公。十一月丙寅，晉殺續簡伯。簡伯，續鞫居。十一月無丙寅，丙寅，十二月八日也。日月必有誤。賈季奔狄。宣子使臾駢送其帑。帑，妻子也。宣子以賈季中軍之佐，同官故。○〔駢〕蒲賢反，又蒲丁反。〔帑〕音奴。夷之蒐，賈季戮臾駢，臾駢之人欲盡殺賈氏以報焉與駢曰不可吾聞前志有之曰敵惠敵怨不在後嗣忠之道也敵猶對也若及子孫則爲非對非對則爲遷怒夫子禮於賈季我以其寵報私怨無乃不可乎言己蒙宣子寵位介人之寵非勇也介因也損怨益仇非知也殺季家欲以除怨宣子將復怨己是益仇也以私害公非忠也釋此三者何以事夫子盡具其帑與其器用財賄親帥扞之送致諸竟扞衛也○〔扞〕戶旦反〔竟〕音境

閏月不告朔非禮也經稱告月傳稱告朔明告月必以朔閏以正時四時漸差則致閏以正之時以作事順時命事事以厚生事不失時則年豐生民之道於是乎在矣不告閏朔弃時政也何以爲民○〔爲〕如字治也

經七年春公伐邾三月甲戌取須句須句魯之封內屬國也僖公反其君之後邾復滅之書取易也例在襄十三年○[句]其俱反遂城郚無傳因伐邾師以城郚郚魯邑卞縣南有郚城備邾難○[郚]音吾夏四月宋公王臣卒二年與魯大夫盟於垂隴宋人殺其大夫宋人攻昭公并殺二大夫故以非罪書戊子晉人及秦人戰于令狐趙盾廢嫡而外求君故貶稱人晉諱背先蔑而夜薄秦師以戰告晉先蔑奔秦不言出在外奔狄侵我西鄙秋八月公會諸侯晉大夫盟于扈扈鄭地滎陽卷縣西北有扈亭不分別書會人摠言諸侯晉大夫盟者公後會而及其盟○[扈]音戶[卷]音權又丘權反冬徐伐莒不書將帥徐夷告辭略公孫敖如莒涖盟

傳七年春公伐邾閒晉難也公因霸國有難而侵小三月甲戌

取須句寘文公子焉非禮也（邾文公子叛在魯故公使爲守須句大夫也絕大皞之祀以與鄰國叛臣故曰非禮）夏四月宋成公卒於是公子成爲右師（莊公子）公孫友爲左師（目夷子）樂豫爲司馬（戴公玄孫）鱗矔爲司徒（桓公孫○〔矔〕古亂反）公子蕩爲司城（桓公子也以武公名廢司空爲司城）華御事爲司寇（華元父也傳言六卿皆公族昭公不親信之所以致亂○〔御〕魚呂反）昭公將去羣公子樂豫曰不可公族公室之枝葉也若去之則本根無所庇廕矣葛藟猶能庇其本根（葛之能藟蔓繁滋者以本枝廕庥之多○〔去〕起呂反）故君子以爲比（謂詩人取以喻九族兄弟）況國君乎此諺所謂庇焉而縱尋斧焉者也（縱放也）必不可君其圖之親之以德皆股肱也誰敢攜貳若之

何去之不聽穆襄之族率國人以攻公穆公襄公之子孫昭公所欲去者殺公孫固公孫鄭于公宮二子在公宮故爲亂兵所殺六卿和公室樂豫舍司馬以讓公子卭卭昭公弟○〔舍〕音捨下同〔卭〕五郎反昭公即位而葬書曰宋人殺其大夫不稱名衆也且言非其罪也不稱殺者及死者名殺者衆故名不可知死者無罪則例不稱名秦康公送公子雍于晉曰文公之入也無衛故有呂郤之難僖二十四年文公入乃多與之徒衛穆嬴日抱大子以啼于朝曰先君何罪其嗣亦何罪舍適嗣不立而外求君將焉寘此穆嬴襄公夫人靈公母也○〔適〕丁歷反出朝則抱以適趙氏頓首於宣子曰先君奉此子也而屬諸子曰此子也

才。吾受子之賜。不才。吾唯子之怨。（欲使宣子教訓之。○〔屬〕音燭）今君雖終。言猶在耳。（在宣子之耳。）而弃之若何。宣子與諸大夫皆患穆嬴。且畏偪。（畏國人以大義來偪己）乃背先蔑而立靈公。以禦秦師。箕鄭居守。趙盾將中軍。先克佐之。（克先且居子代狐射姑）荀林父佐上軍。（箕鄭將上軍居守故佐獨行）先蔑將下軍。先都佐之。步招御戎。戎津爲右。及堇陰。（先蔑士會逆公子雍前還晉。晉人始以逆雍出軍卒然變計立靈公故車右戎御猶在職。堇陰晉地。○〔招〕上遙反。〔堇〕音謹。一音靳）宣子曰。我若受秦。秦則賓也。不受。寇也。既不受矣。而復緩師。秦將生心。先人有奪人之心。（奪敵之戰心也。○〔先〕悉薦反。）軍之善謀也。逐寇如追逃。軍之善政也。訓卒利兵秣

馬蓐食潛師夜起蓐食早食於寢蓐也○〔蓐〕音辱戊子敗秦師于令
狐至于刳首己丑先蔑奔秦士會從之從刳首去也令狐在河東
當與刳首相接○〔刳〕苦胡反先蔑之使也荀林父止之曰夫人大
子猶在而外求君此必不行子以疾辭若何不然將
及禍將及己攝卿以往可也何必子同官爲寮吾嘗同寮
敢不盡心乎弗聽爲賦板之三章板詩大雅其三章義取芻蕘之言猶
不可忽況同寮乎僖二十八年林父將中行先蔑將左行又弗聽及亡荀伯盡送
其帑及其器用財賄於秦曰爲同寮故也荀伯林父士會
在秦三年不見士伯士伯先蔑其人曰能亡人於國言能與人
俱亡於晉國不能見於此焉用之何用如此士季曰吾與之同

罪。俱有迎公子雍之罪。非義之也。將何見焉。言己非慕先蔑之義而從之。及歸。遂不見。責先蔑爲正卿而不匡諫。且俱出奔。惡有黨也。士會歸在十三年。狄侵我西鄙。公使告于晉。趙宣子使因賈季問酆舒。且讓之。酆舒狄相。讓其伐魯。酆舒問於賈季曰。趙衰趙盾孰賢。對曰。趙衰冬日之日也。趙盾夏日之日也。冬日可愛。夏日可畏。秋八月。齊侯宋公衛侯陳侯鄭伯許男曹伯會晉趙盾盟于扈。晉侯立故也。公後至。故不書所會。凡會諸侯不書所會。後也。不書所會。謂不具列公侯及卿大夫。後至不書其國。辟不敏也。此傳還自釋凡例之意。穆伯娶于莒。曰戴己。生文伯。其娣聲己。生惠叔。穆伯。公孫敖也。文伯。穀也。惠叔。難也。○[己]音紀。[難]乃多反。戴己卒。又聘于莒。莒人以聲己辭。則爲襄仲聘焉。襄仲。公孫敖從父昆弟。冬。
徐伐莒。莒人來請盟。見伐。故欲結援。穆伯如莒涖盟。且爲仲
逆。及鄢陵。登城見之。美。鄢陵。莒邑。〔鄢〕於晚反。○自爲娶之。仲請
攻之。公將許之。叔仲惠伯諫。惠伯。叔牙孫。曰。臣聞之。兵作
於內爲亂。於外爲寇。寇猶及人。亂自及也。今臣作亂
而君不禁。以啓寇讎。若之何。公止之。惠伯成之。平二子。
使仲舍之。舍。不娶。〔舍〕音捨。○公孫敖反之。還莒女。復爲兄弟如
初。從之。爲明年公孫敖奔莒傳。○〔復〕音服。又扶又反。晉郤缺言於趙宣子
曰。日衛不睦。故取其地。日。往日。取衛地在元年。今已睦矣。可以
歸之。叛而不討。何以示威。服而不柔。何以示懷。柔。安也。

非威非懷何以示德無德何以主盟子爲正卿以主諸侯而不務德將若之何夏書曰逸書戒之用休有休則戒之以勿休董之用威董督也有罪則督之以威刑勸之以九歌勿使壞九功之德皆可歌也謂之九歌六府三事謂之九功水火金木土穀謂之六府正德利用厚生謂之三事義而行之謂之德禮德正德也禮以制財用之節又以厚生民之命無禮不樂所由叛也若吾子之德莫可歌也其誰來之來猶歸也○〔樂〕音洛盡使睦者歌吾子乎宣子說之爲明年晉歸鄭衛田張本

經八年春王正月夏四月秋八月戊申天王崩冬十月壬午公子遂會晉趙盾盟于衡雍壬午月五日○〔雍〕於用反乙

酉公子遂會雒戎盟于暴乙酉月八日也暴鄭地公子遂不受命而盟宜去族善其解國患故稱公子以貴之公孫敖如京師不至而復丙戌奔莒不言出受命而出自外行螽無傳為災故書宋人殺其大夫司馬宋司城來奔司馬死不舍節司城奉身而退故皆書官而不名貴之

傳八年春晉侯使解揚歸匡戚之田于衛匡本衛邑中屬鄭孔達伐不能克今晉令鄭還衛及取戚田皆見元年○〔解〕音蟹〔中〕去聲且復致公壻池之封自申至于虎牢之竟公壻池晉君女壻又取衛地以封之令并還衛也申鄭地夏秦人伐晉取武城以報令狐之役令狐役在七年傳言趙盾所以能相幼主而盟諸侯○〔復〕扶又反秋襄王崩為公孫敖如周弔傳晉人以扈之盟來討前年盟扈公後至冬襄仲會晉趙孟盟于衡雍報扈

之盟也遂會伊雒之戎（伊雒之戎將伐魯公子遂不及復君故專命與之盟）書
曰公子遂珍之也（珍貴也大夫出竟有可以安社稷利國家者專之可）穆伯如
周弔喪不至以幣奔莒從己氏焉（己氏莒女）宋襄夫人襄
王之姊也昭公不禮焉（昭公適祖母）夫人因戴氏之族（華樂
皇皆戴族）以殺襄公之孫孔叔公孫鍾離及大司馬公子
卬皆昭公之黨也司馬握節以死故書以官（節國之符信也）
（握之以死示不廢命）司城蕩意諸來奔效節於府人而出（效猶致也）
（意諸公子蕩之孫）公以其官逆之皆復之亦書以官皆貴之
也（卿違從大夫公賢其效節故以本官逆之請宋而復之司城官屬悉來奔故言皆復）夷之蒐
晉侯將登箕鄭父先都（登之於上軍也夷蒐在六年）而使士穀梁

益耳將中軍。士縠本司空。○〔縠〕戶木反。先克曰狐趙之勳不可廢也。從之。狐偃趙衰有從亡之勳。○〔從〕亡。去聲。先克奪蒯得田于堇陰。七年晉禦秦師於堇陰。以軍事奪其田也。先克中軍佐。○〔蒯〕苦賾反。故箕鄭父先都士縠梁益耳蒯得作亂。爲明年殺先克張本。○〔爲〕于僞反。

經九年春毛伯來求金。求金以共葬事。雖踰年而未葬。故不稱王使。夫人姜氏如齊。無傳。歸寧。二月叔孫得臣如京師。辛丑葬襄王。卿共葬事。禮也。晉人殺其大夫先都。下軍佐也。以作亂討。故書名。三月夫人姜氏至自齊。無傳。告于廟。晉人殺其大夫士縠及箕鄭父。與先都同罪也。楚人伐鄭。楚子師於狼淵。不親伐。公子遂會晉人宋人衛人許人救鄭。夏狄侵齊。無傳。秋八月曹伯襄卒。無傳。

七年同盟于扈九月癸酉地震無傳地道安靜以動爲異故書冬楚子使椒來聘稱君以使大夫其禮辭與中國同椒不書氏史略文秦人來歸僖公成風之禭衣服曰禭秦辟陋故不稱使不稱夫人從來者辭葬曹共公無傳

傳九年春王正月己酉使賊殺先克箕鄭等所使也亂殺先克不赴故不書乙丑晉人殺先都梁益耳乙丑正月十九日經書二月從告毛伯衛來求金非禮也天子不私求財故曰非禮不書王命未葬也二月莊叔如周葬襄王三月甲戌晉人殺箕鄭父士縠蒯得梁益耳蒯得不書皆非卿范山言於楚子曰晉君少不在諸侯北方可圖也范山楚大夫楚子師于狼淵以伐鄭陳師狼淵爲伐鄭援也潁川潁陰縣西有狼陂囚公子堅公子尨及樂耳三子鄭大

夫。〇[尨]莫江反。鄭及楚平。公子遂會晉趙盾宋華耦衛孔達許大夫救鄭。不及楚師。卿不書。緩也。以懲不恪。華耦華父督曾孫。公子遂獨不在貶者。諸魯事自非指爲其國褒貶。則皆從國史。不同之於他國。此春秋大意。他皆放此。〇[恪]苦各反。

夏。楚侵陳。克壺丘。以其服於晉也。壺丘陳邑。秋。楚公子朱自東夷伐陳。子朱息公也。陳人敗之。獲公子茷。陳懼。乃及楚平。以小勝大。故懼而請平也。傳言晉君少。楚陵中國。明年所以有厥貉之會。〇[茷]扶廢反。[貉]武百反。冬。楚子越椒來聘。執幣傲。子越椒。令尹子文從子。傲不敬。叔仲惠伯曰。是必滅若敖氏之宗。傲其先君。神弗福也。十二年。傳曰。先君之敝器。使下臣致諸執事。明奉使皆告廟。故言傲其先君也。爲宣四年楚滅若敖氏。張本。

秦人來歸僖公成風之襚。禮也。秦慕諸夏。欲通敬於魯。因有翟泉之盟故追贈僖公并及成風本非魯方嶽同盟無相赴弔之制故不譏其緩而以接好爲禮諸侯相弔賀也雖不當事苟有禮焉書也以無忘舊好送死不及尸故曰不當事書者書於典策垂示子孫使無忘過厚之好

經十年春王三月辛卯臧孫辰卒無傳公與小斂故書日夏秦伐晉不稱將帥告辭略楚殺其大夫宜申宜申子西也謀弒君故書名自正月不雨至于秋七月無傳義與二年同及蘇子盟于女栗女栗地名闕蘇子周卿士頃王新立故與魯盟親諸侯也○〔女〕音汝一如字冬狄侵宋無傳楚子蔡侯次于厥貉厥貉地名闕將伐宋而未行故書次

傳十年春晉人伐秦取少梁少梁馮翊夏陽縣○〔少〕商照反夏秦伯伐晉取北徵報少梁○〔徵〕如字三蒼云音懲一音張里反初楚范巫矞似

矞似。范邑之巫。○〔矞〕尹必反。謂成王與子玉子西曰。三君皆將強死。城濮之役。王思之。故使止子玉曰。毋死。不及。止子西。子西縊而縣絕。在僖二十八年。○〔強〕其丈反。王使適至。遂止之。使爲商公。商。楚邑。今上雒商縣。沿漢泝江。將入郢。沿。順流。泝。逆流。○〔沿〕悅專反。〔泝〕息路反。〔郢〕以井反。王在渚宮。小洲曰渚。下見之。懼而辭曰。臣免於死。又有讒言。謂臣將逃。臣歸死於司敗也。陳楚名司寇爲司敗。子西畏讒。不敢之商縣。王使爲工尹。掌百工之官。又與子家謀弒穆王。穆王聞之。五月。殺鬭宜申及仲歸。仲歸。子家。不書。非卿。秋七月。及蘇子盟于女栗。頃王立故也。僖十年。狄滅溫。蘇子奔衛。今復見。蓋王復之。陳侯鄭伯會楚子于息。冬。遂及蔡侯次于厥貉。陳鄭及宋麇子不書者。宋鄭執卑苟免。爲楚僕任。受役於司馬。麇子恥之。遂逃而歸。三君失位降爵。故不列於諸侯。宋鄭猶然。則陳侯必同也。○〔麇〕九倫反。將以伐宋。宋華御事曰。楚欲弱我也。先爲之弱乎。何必使誘我。我實不能。民何罪。乃逆楚子。勞且聽命。時楚欲誘呼宋共戰。御事。華元父。○〔勞〕力報反。遂道以田孟諸。孟諸。宋大藪也。在梁國睢陽縣東北。○〔道〕音導。〔睢〕音綏。宋公爲右盂。鄭伯爲左盂。盂。田獵陳名。○〔陳〕直覲反。期思公復遂爲右司馬。復遂。楚期思邑公。今弋陽期思縣。子朱及文之無畏爲左司馬。將獵。張兩甄。故置二左司馬。然則右司馬一人當中央。○〔甄〕吉然反。命夙駕載燧。燧。取火者。宋公違命。不夙駕載燧。無畏抶其僕以徇。或謂子舟曰。國君不可戮也。子舟曰。當官而行。何彊之有。子舟。無畏字。○〔抶〕耻乙反。詩曰剛亦不吐柔亦不茹（詩大雅。美仲山甫不辟彊禦。○[茹]如呂反。）毋縱詭隨以謹罔極（詩大雅。詭人隨人。無正心者。謹猶慎也。罔無也。極中也。○[詭]九委反。）是亦非辟彊也敢愛死以亂官乎（爲宣十四年宋人殺子舟張本。）厥貉之會麇子逃歸（爲明年楚子伐麇傳。）

春秋經傳集解文公上第八

春秋經傳集解文公下第九

杜氏註　盡十八年

經。十有一年。春。楚子伐麇。討前年逃厥貉會。○[麇]九倫反。夏。叔仲彭生會晉郤缺于承匡。承匡，宋地。在陳留襄邑縣西。彭生，叔仲惠伯。郤缺，冀缺。秋。曹伯來朝。公子遂如宋。狄侵齊。冬。十月。甲午。叔孫得臣敗狄于鹹。鹹，魯地。

傳。十一年。春。楚子伐麇。成大心敗麇師於防渚。成大心，子玉之子大孫伯也。防渚，麇地。潘崇復伐麇。至于錫穴。錫穴，麇地。○[復]扶又反。[錫]音羊。或星歷反。夏。叔仲惠伯會晉郤缺于承匡。謀諸侯之從於楚者。九年，陳鄭及楚平。十年，宋聽楚命。秋。曹文公來朝。即位而來

見也襄仲聘于宋且言司城蕩意諸而復之八年意諸來奔

歸不書史失之○見賢遍反因賀楚師之不害也往年楚次厥貉將以伐宋鄭

瞞侵齊鄋瞞狄國名防風之後漆姓○鄋所求反瞞莫干反遂伐我公卜使叔

孫得臣追之吉侯叔夏御莊叔莊叔得臣緜房甥爲右富

父終甥駟乘駟乘四人共車○乘繩證反下皆同冬十月甲午敗狄于

鹹獲長狄僑如僑如鄋瞞國之君蓋長三丈獲僑如不書賤夷狄也○僑其驕反富

父終甥摏其喉以戈殺之摏猶衝也摏舒容反○埋其首於子

駒之門子駒魯郭門骨節非常恐後世怪之故詳其處以命宣伯得臣待事而名其三

子因名宣伯曰僑如以旌其功初宋武公之世鄋瞞伐宋在春秋前司徒

皇父帥師禦之耏班御皇父充石皇父戴公子充石皇父名○耏音而

公子穀甥爲右司寇。牛父駟乘。以敗狄于長丘。長丘，宋地。獲長狄緣斯。緣斯，僑如之先。皇父之二子死焉。皇父與穀甥及牛父皆死。宋公於是以門賞耏班。使食其征。門，關門。征，稅也。謂故耏班獨受賞。之耏門。晉之滅潞也。在宣十五年。獲僑如之弟焚如。齊襄公之二年。魯桓之十六年。鄋瞞伐齊。齊王子成父獲其弟榮如。榮如，焚如之弟。焚如後死而先說者，欲其兄弟伯季相次。榮如以魯桓十六年死，至宣十五年，一百三歲，其兄猶在。傳言既長且壽，有異於人。王子成父，齊大夫。埋其首於周首之北門。周首，齊邑。濟北穀城縣東北有周首亭。衛人獲其季弟簡如。伐齊退走，至衛見獲。鄋瞞由是遂亡。長狄之種絕。郕大子朱儒自安於夫鍾。安，處也。夫鍾，郕邑。○（夫）音扶。國人弗徇。徇，順也。爲明年郕伯來奔傳。

經十有二年春王正月郕伯來奔稱爵見公以諸侯禮迎之○〔見〕賢遍反杞伯來朝復稱伯舍夷禮○〔舍〕音捨二月庚子子叔姬卒既嫁成人雖見出弃猶以恩錄其卒夏楚人圍巢巢吳楚閒小國廬江六縣東有居巢城秋滕子來朝秦伯使術來聘術不稱氏史略文冬十有二月戊午晉人秦人戰于河曲不書敗績交綏而退不大崩也稱人秦晉無功以微者告也皆陳曰戰例在莊十一年河曲在河東蒲坂縣南季孫行父帥師城諸及鄆鄆莒魯所爭者城陽姑幕縣南有員亭員即鄆也以其遠偪外國故帥師城之○〔鄆〕音運〔員〕音云一音運

傳十二年春郕伯卒郕人立君大子自安於外邑故大子以夫鍾與郕邽來奔郕邽亦邑○〔邽〕音圭公以諸侯逆之非禮也非公寵叛人故書曰郕伯來奔不書地尊諸侯也既尊以爲諸侯故不

復見其竊邑之罪。杞桓公來朝。始朝公也。公卽位始來朝。且請絕叔姬而無絕昏。公許之。不絕昏，立其娣以爲夫人。不書，大歸未歸而卒。二月，叔姬卒。不言杞，絕也。既許其絕，故不言杞。書叔姬，言非女也。女未笄而卒，不書。楚令尹大孫伯卒，成嘉爲令尹。若敖曾孫子孔。羣舒叛楚。羣舒，偃姓，舒庸、舒鳩之屬。今廬江南有舒城，舒城西南有龍舒。夏，子孔執舒子平及宗子，遂圍巢。平，舒君名。宗、巢二國，羣舒之屬。秋，滕昭公來朝，亦始朝公也。秦伯使西乞術來聘，且言將伐晉。襄仲辭玉曰：君不忘先君之好，照臨魯國，鎭撫其社稷，重之以大器，寡君敢辭玉。大器，圭璋也。不欲與秦爲好，故辭玉。○[好]去聲，下同。對曰：不腆敝器，不足辭也。腆，厚也。○[腆]他典反。主人三辭。賓答曰：寡君願徼福于周公魯公以事君（徼要也魯公伯禽也言願事君以幷蒙先君之福○徼古堯反要於堯反下同）不腆先君之敝器使下臣致諸執事以爲瑞節（節信也出聘必告廟故稱先君之器）要結好命所以藉寡君之命結二國之好（藉薦也○藉在夜反）是以敢致之襄仲曰不有君子其能國乎國無陋矣厚賄之（賄贈送也）秦爲令狐之役故（○爲于僞反）冬秦伯伐晉取羈馬（令狐役在七年羈馬晉邑）晉人禦之趙盾將中軍荀林父佐之（林父代先克）郤缺將上軍（代箕鄭）臾駢佐之（代林父○駢步邊反）欒盾將下軍（欒枝子代先蔑○盾徒本反）胥甲佐之（胥臣子代先都）范無恤御戎（代步招○招上遙反）以從秦師于河曲臾駢曰秦不能久請深壘固軍以待之

從之。秦人欲戰。秦伯謂士會曰。若何而戰。晉士會七年奔秦。對曰。趙氏新出其屬曰臾駢。必實爲此謀。將以老我師也。臾駢。趙盾屬大夫。新出佐上軍。趙有側室曰穿。晉君之壻也。側室支子。穿。趙夙庶孫。有寵而弱。不在軍事。弱。年少也。又未嘗涉知軍事。好勇而狂。且惡臾駢之佐上軍也。若使輕者肆焉。其可。肆。暫往而退也。○(惡)烏路反。(輕)遣政反。秦伯以璧祈戰于河。禱求勝。十二月戊午。秦軍掩晉上軍。趙穿追之不及。上軍不動。趙穿獨追之。反怒曰。裹糧坐甲。固敵是求。敵至不擊。將何俟焉。軍吏曰。將有待也。待可擊。穿曰。我不知謀。將獨出。乃以其屬出。宣子曰。秦獲穿也。獲一卿矣。僖三十三年。晉侯以一命命郤缺爲卿。不

在軍帥之數然則晉旨有散位從卿者秦以勝歸我何以報乃皆出戰

交綏司馬灋曰逐奔不遠從綏不及逐奔不遠則難誘從綏不及則難陷然則古名退軍爲綏秦晉

志未能堅戰短兵未致爭而兩退故曰交綏秦行人夜戒晉師曰兩君之

士皆未憖也明日請相見也憖缺也○〔憖〕魚覲反又魚轄反方言云傷也字

林云閟也臾駢曰使者目動而言肆懼我也目動心不安言肆聲放失

當節○〔使〕去聲將遁矣薄諸河必敗之薄迫也○〔薄〕蒲莫反胥甲趙穿

當軍門呼曰死傷未收而弃之不惠也不待期而薄

人於險無勇也乃止晉師止爲宣元年放胥甲傳秦師夜遁復侵

晉入瑕城諸及郿書時也○〔復〕扶又反

經十有三年春王正月夏五月壬午陳侯朔卒無傳再同

盟。邾子蘧蒢卒。未同盟而赴以名。○(蘧)其居反。(蒢)丈居反。自正月不雨至于秋七月。二年同。無傳。義與大室屋壞。大廟之室。○(大)音泰。冬公如晉。衛侯會公于沓。沓地闕。○(沓)徒荅反。狄侵衛。無傳。十有二月己丑。公及晉侯盟。十二月無己丑。己丑十一月十一日。公還自晉。鄭伯會公于棐。棐鄭地。○(棐)芳尾反。又非尾反。

傳十三年春。晉侯使詹嘉處瑕以守桃林之塞。詹嘉晉大夫。賜其瑕邑。令帥衆守桃林以備秦。桃林在弘農華陰縣東潼關。○(塞)悉代反。(潼)音童。晉人患秦之用士會也。夏六卿相見於諸浮。諸浮晉地。趙宣子曰。隨會在秦。賈季在狄。難日至矣。若之何。六年賈季奔狄。○(難)乃旦反。中行桓子曰。請復賈季。中行桓子。荀林父也。僖二十八年始將中行。故以爲氏。○〔行〕戸郎反。能外事。且由舊勳。有狐偃之舊勳。郤成子曰。賈季亂。且罪大。殺陽處父故。不如隨會。能賤而有恥。柔而不犯。不可犯以不義。其知足使也。且無罪。乃使魏壽餘僞以魏叛者。以誘士會。執其帑於晉。使夜逸。魏壽餘。畢萬之後。帑壽餘子。○〔知〕音智。〔帑〕音奴。請自歸于秦。秦伯許之。許受其邑。履士會之足於朝。躡士會足。欲使行。○〔躡〕女涉反。秦伯師于河西。將取魏。魏人在東。今河北縣。於秦爲在河之東。壽餘曰。請東人之能與夫二三有司言者。吾與之先。欲與晉人在秦者。共先告喻魏有司。使士會。士會辭曰。晉人虎狼也。若背其言。臣死。妻子爲戮。無益於君。不可悔也。辭行。示己無去心。○〔背〕音佩。秦伯曰。若背其言。所不歸爾帑者。有如河。言必歸其妻子。明白如河。乃行。繞朝贈之以策。策。馬檛。臨別授之馬檛。並示己所策以展情。繞朝。秦大夫。○〔朝〕如字。又張遙反。〔檛〕張瓜反。曰。子無謂秦無人。吾謀適不用也。示己覺其情。既濟。魏人譟而還。喜得士會。〔譟〕素報反。○秦人歸其帑。其處者爲劉氏。士會堯後。劉累之胄。別族復累之姓。○〔累〕劣彼反。

邾文公卜遷于繹。繹。邾邑。魯國鄒縣北有繹山。史曰。利於民而不利於君。邾子曰。苟利於民。孤之利也。天生民而樹之君。以利之也。民既利矣。孤必與焉。左右曰。命可長也。君何弗爲。邾子曰。命在養民。死之短長。時也。民苟利矣。遷也。吉莫如之。左右以一人之命爲言。文公以百姓之命爲主。一人之命各有短長。不可如何。百姓之命乃傳世無窮。故徙之。○〔與〕音預。遂遷于繹。五月。邾文公卒。君子曰。知命。秋。七月。大室之屋壞。書不共也。簡慢宗廟。使至傾頹。故書以見臣子不共。冬。公如晉。朝。且尋盟。衛侯會公于沓。請平于晉。公還。鄭伯會公于棐。亦請平于晉。公皆成之。鄭衛貳于楚。畏晉。故因公請平。鄭伯與公宴于棐。子家賦鴻鴈。子家。鄭大夫公子歸生也。鴻鴈。詩小雅。義取侯伯哀恤鰥寡。有征行之勞。言鄭國寡弱。欲使魯侯還晉恤之。季文子曰。寡君未免於此。言亦同有微弱之憂。文子賦四月。四月。詩小雅。義取行役踰時。思歸祭祀。不欲爲還晉。○〔爲〕于僞反。子家賦載馳之四章。載馳。詩鄘風。四章以下。義取小國有急。欲引大國以救助。文子賦采薇之四章。采薇。詩小雅。取其豈敢定居。一月三捷。許爲鄭還。不敢安居。○〔三〕息暫反。又如字。鄭伯拜。謝公爲行。公答拜。

經十有四年。春王正月。公至自晉。無傳。告於廟。邾人伐我南鄙。叔彭生帥師伐邾。夏五月乙亥。齊侯潘卒。七年盟于扈。乙亥。四月二十九日。書五月。從赴。○潘。判干反。六月。公會宋公。陳侯。衛侯。鄭伯。許男。曹伯。晉趙盾。癸酉。同盟于新城。新城。宋地。在梁國穀熟縣西。秋七月。有星孛入于北斗。孛。彗也。既見而後入北斗。非常所有。故書之。○孛。音佩。彗。似歲反。一雖遂反。公至自會。無傳。晉人納捷菑于邾。弗克納。邾有成君。晉趙盾不度於義。而大興諸侯之師。涉邾之竟。見辭而退。雖有服義之善。所興者廣。所害者衆。故貶稱人。○菑。側其反。度。待各反。九月甲申。公孫敖卒于齊。既許復之。故從大夫例。書卒。齊公子商人弒其君舍。舍未踰年而稱君者。先君既葬。舍已即位。弒君例在宣四年。宋子哀來奔。大夫奔例書名氏。貴之。故書字。冬。單伯

如齊。單伯周卿士爲魯如齊故書○〔單〕音善〔爲〕于僞反齊人執單伯。諸侯無執王使

之義故不依行人例齊人執子叔姬。叔姬魯女齊侯舍之母不稱夫人自魯錄之父母辭

傳。十四年。春。頃王崩。周公閱與王孫蘇爭政。故不赴。

凡崩薨不赴則不書。禍福不告亦不書。奔亡禍也歸復福也○〔頃〕

音傾〔閱〕音悅懲不敬也。欲使怠慢者自戒邾文公之卒也。在前年公

使弔焉。不敬。邾人來討。伐我南鄙。故惠伯伐邾。子叔

姬妃齊昭公。生舍。叔姬無寵。舍無威。公子商人驟施

於國。驟數也商人桓公子○〔妃〕音配〔驟〕仕救反〔施〕式豉反而多聚士。盡其家貸

於公有司以繼之。家財盡從公及國之有司富者貸○〔貸〕音特又音忒夏五月

昭公卒。舍卽位。邾文公元妃齊姜生定公。二妃晉姬。

生捷菑文公卒邾人立定公捷菑奔晉六月同盟于新城從於楚者服（從楚者陳鄭宋）且謀邾也（謀納捷菑）秋七月乙卯夜齊商人弒舍而讓元（元商人兄齊惠公也書九月從告七月無乙卯日誤）元曰爾求之久矣我能事爾爾不可使多蓄憾（不爲君則多恨）將免我乎爾爲之（言將復殺我）有星孛入于北斗周內史叔服曰不出七年宋齊晉之君皆將死亂（後三年宋弒昭公五年齊弒懿公七年晉弒靈公史服但言事徵而不論其占固非末學所得詳言）晉趙盾以諸侯之師八百乘納捷菑于邾（八百乘六萬人言力有餘）邾人辭曰齊出貜且長（貜且定公○貜俱縛反又居碧反且子餘反長丁丈反）宣子曰辭順而弗從不祥乃還（立適以長故曰辭順）周公將與王孫蘇

訟于晉王叛王孫蘇(王匡王叛不與)而使尹氏與聃啓訟周公于晉(訟理之尹氏周卿士聃啓周大夫○〔聃〕乃甘反)趙宣子平王室而復之(復使和親)楚莊王立(穆王子也)子孔潘崇將襲羣舒使公子燮與子儀守而伐舒蓼(即羣舒○〔燮〕昔協反〔守〕手又反)二子作亂城郢而使賊殺子孔不克而還八月二子以楚子出將如商密(國語曰楚莊王幼弱子儀爲師王子燮爲傅○〔還〕音旋)廬戢棃及叔麋誘之遂殺鬬克及公子燮(廬今襄陽中廬縣戢棃廬大夫叔麋其佐鬬克子儀也)初鬬克囚于秦(在僖二十五年)秦有殽之敗(在僖三十三年)而使歸求成成而不得志(無賞報也)公子燮求令尹而不得故二子作亂(傳言楚莊幼弱國內亂所以不能與晉競)穆伯之從己氏也(在八

年。〇〔己〕音紀。又音祀。魯人立文伯。穆伯之子穀也。穆伯生二子於莒而求復。文伯以為請。襄仲使無朝聽命。復而不出。不得使與聽政事。終寢於家。故出入不書。三年而盡室以復適莒。文伯疾而請曰。穀之子弱。子。孟獻子。年尚少。請立難也。難。穀弟。〇〔難〕乃旦反。又如字。許之。文伯卒。立惠叔。穆伯請重賂以求復。惠叔以為請許之。將來。九月卒于齊。告喪請葬。弗許。請以卿禮葬。宋高哀為蕭封人以為卿。蕭。宋附庸。仕附庸還。升為卿。不義宋公而出遂來奔。出而待放。從放所來。故曰遂。書曰宋子哀來奔。貴之也。貴其不食汙君之祿。辟禍速也。齊人定懿公。使來告難。故書以九月。齊人不服。故三月而後定。書以九月。明經日月皆從赴。齊公子元不順懿公之為政也。終不曰公曰夫己氏猶言某甲。○〔夫〕音扶〔己〕音紀。襄仲使告于王請以王寵求昭姬于齊昭姬子叔姬。曰殺其子焉用其母請受而罪之。○〔焉〕於虔反。冬單伯如齊請子叔姬齊人執之。恨魯恃王勢以求女故。又執子叔姬。欲以恥辱魯。

經十有五年春季孫行父如晉三月宋司馬華孫來盟。華孫奉使鄰國能臨事制宜至魯而後定盟故不稱使其官皆從故書司馬。○〔華〕戶化反〔從〕才用反。夏曹伯來朝齊人歸公孫敖之喪大夫喪還不書善魯感子以赦父敦公族之恩崇仁孝之教故特錄敖喪歸以示義。六月辛丑朔日有食之鼓用牲于社傳例曰非禮也單伯至自齊晉郤缺帥師伐蔡戊申入蔡傳例曰獲大城曰入。秋齊人侵我西鄙季孫行父如晉冬十有一月諸侯盟于扈將伐齊晉侯受賂而止故總曰諸侯言不足序列十有二月齊人來歸子叔姬齊人以王故來送子叔姬故與直出者異文齊侯侵我西鄙遂伐曹入其郛郛郭也

傳十五年春季文子如晉爲單伯與子叔姬故也因晉請齊三月宋華耦來盟其官皆從之書曰宋司馬華孫貴之也古之盟會必備威儀崇贄幣賓主以成禮爲敬故傳曰卿行旅從春秋時率多不能備儀華孫能率其屬以從古典所以敬事而自重使重而事敬則魯尊而禮篤故貴而不名○皆〔從〕才用反注旅從同又如字〔率〕所類反又音律公與之宴辭曰君之先臣督得罪於宋殤公名在諸侯之策臣承其祀其敢辱君耦華督曾孫也督弒殤公在桓二年耦自以罪人子孫故不敢屈辱魯君對共宴會請承命於亞旅

亞旅上大夫也魯人以爲敏無故揚其先祖之罪是不敏魯人以爲敏明君子所不與也
夏曹伯來朝禮也諸侯五年再相朝以脩王命古之
制也十一年曹伯來朝雖至此乃來亦五年傳爲冬齊侯伐曹張本齊人或爲孟氏
謀孟氏公孫敖家慶父爲長庶故或稱孟氏曰魯爾親也飾棺寘諸堂阜
堂阜齊魯竟上地飾棺不殯示無所歸魯必取之從之卞人以告卞人魯卞
邑大夫惠叔猶毀以爲請敖卒則惠叔請之至今期年而猶未已毀過喪禮立
於朝以待命許之取而殯之殯於孟氏之寢終叔服之言齊人送
之書曰齊人歸公孫敖之喪爲孟氏且國故也爲惠叔毀
請且國之公族故聽其歸殯而書之葬視共仲制如慶父皆以罪降聲己不視帷
堂而哭聲己惠叔母怨敖從莒女故帷堂襄仲欲勿哭怨敖取其妻惠伯

曰喪親之終也(惠伯叔彭生)雖不能始善終可也史佚有言曰兄弟致美(各盡其美義乃終)救乏賀善弔災祭敬喪哀情雖不同毋絕其愛親之道也子無失道何怨於人襄仲說帥兄弟以哭之他年其二子來(敖在莒所生)孟獻子愛之聞於國(獻子穀之子仲孫蔑○〔聞〕音問或如字)或譖之曰將殺子獻子以告季文子二子曰夫子以愛我聞我以將殺子聞不亦遠於禮乎遠禮不如死一人門于句䶬一人門于戾丘皆死(句䶬戾丘魯邑有寇攻門二子禦之而死○〔遠〕于萬反〔句〕古侯反〔䶬〕莫辛反)六月辛丑朔日有食之鼓用牲于社非禮也(得常鼓之月而於社用牲爲非禮)日有食之天子不舉(去盛饌)伐鼓于

社。責羣陰。伐猶擊也。諸侯用幣于社。社尊於諸侯。故請救而不敢責之。伐鼓于朝。退自責。以昭事神訓民事君。天子不舉。諸侯用幣。所以事神。尊卑異制。所以訓民。示有等威古之道也。等威。威儀之等差。齊人許單伯請而赦之使來致命。以單伯執節不移。且畏晉。故許之。書曰單伯至自齊。貴之也。單伯為魯拘執。既免而不廢禮。終來致命。故貴而告廟。新城之盟在前年。蔡人不與。不會盟。○〔與〕音預。下同。晉郤缺以上軍下軍伐蔡兼帥二軍。曰君弱不可以怠。怠解也。戊申入蔡以城下之盟而還。凡勝國曰滅之。勝國。絕其社稷。有其土地。○〔還〕音旋。獲大城焉曰入之。得大都而不有。秋齊人侵我西鄙。故季文子告于晉。冬十一月晉侯宋公衛侯蔡侯陳侯鄭伯許男曹伯盟于扈尋新城之盟且謀伐齊也（齊執王使且數伐魯）齊人賂晉侯故不克而還於是有齊難是以公不會（明今不序諸侯不以公不會故）書曰諸侯盟于扈無能爲故也（惡其受賂不能討齊）凡諸侯會公不與不書諱君惡也（謂國無難不會義事故爲惡不書謂不國別序諸侯）與而不書後也（謂後期也今貶諸侯似爲公諱故傳發例以明之）齊人來歸子叔姬王故也（單伯雖見執能守節不移終達王命使叔姬得歸）齊侯侵我西鄙謂諸侯不能也（不能討己）遂伐曹入其郛討其來朝也（此年夏朝）季文子曰齊侯其不免乎己則無禮（執王使而伐無罪）而討於有禮者曰女何故行禮禮以順天天之道也己則反天而又以討人難以免矣詩曰胡不相

畏不畏于天詩小雅○〔相〕息亮反又如字君子之不虐幼賤畏于
天也在周頌曰畏天之威于時保之詩周頌言畏天威于是保福祿
不畏于天將何能保以亂取國奉禮以守猶懼不終
多行無禮弗能在矣爲十八年齊弒商人傳○〔守〕手又反
經十有六年春季孫行父會齊侯于陽穀齊侯弗及
盟及與也夏五月公四不視朔諸侯每月必告朔聽政因朝於廟今公以疾闕
不得視二月三月四月五月朔也春秋十二公以疾不視朔非一也義無所取故特舉此以表行事因明
公之實有疾非詐齊六月戊辰公子遂及齊侯盟于郪丘信公疾且
以賂故郪丘齊地〔郪〕音西又七西反○秋八月辛未夫人姜氏薨僖公夫人
文公母也毀泉臺泉臺臺名毀壞之也○〔壞〕音怪楚人秦人巴人滅庸冬

十有一月。宋人弒其君杵臼。稱君。君無道也。例在宣四年。

傳十六年春王正月。及齊平。齊前年再伐魯。魯爲受弱。故平。公有疾。使季文子會齊侯于陽穀。請盟。齊侯不肯。曰。請俟君閒。閒。疾瘳。○〔閒〕如字。〔瘳〕勑周反。夏五月。公四不視朔。疾也。公使襄仲納賂于齊侯。故盟于郪丘。有蛇自泉宮出。入于國。如先君之數。伯禽至僖公十七君。秋八月辛未。聲姜薨。毀泉臺。魯人以爲蛇妖所出。而聲姜薨。故壞之。楚大饑。戎伐其西南。至于阜山。師于大林。又伐其東南。至于陽丘。以侵訾枝。戎。山夷也。大林。陽丘。訾枝。皆楚邑。庸人帥羣蠻以叛楚。庸。今上庸縣。屬楚之小國。麇人率百濮聚於選。將伐楚。選。楚地。百濮。夷也。於是申息之北門不啓。(備中國。)楚人謀徙於阪高。(楚險地。)蔿賈曰不可我能往寇亦能往不如伐庸夫麇與百濮謂我饑不能師故伐我也若我出師必懼而歸百濮離居將各走其邑誰暇謀人乃出師旬有五日百濮乃罷(濮夷無屯聚見難則散歸。○〔蔿〕于季反)自廬以往振廩同食(往往伐庸也。振發也。廩倉也。同食上下無異饌也。)次于句澨(楚西界也。○〔句〕古侯反。)○使廬戢棃侵庸(戢棃廬大夫。)及庸方城(方城庸地。上庸縣東有方城亭。)庸人逐之囚子揚窻(窻戢棃官屬。)三宿而逸曰庸師衆羣蠻聚焉不如復大師。(還復句巫師。)且起王卒合而後進師叔曰不可(師叔楚大夫潘尫也。○〔尫〕烏黄反。)姑又與之遇以驕之彼驕我怒而後可克先君蚡冒所以服陘隰也。（蚡冒，楚武王父。陘隰，地名。○［蚡］扶粉反。史記楚世家云：蚡冒卒，弟熊達殺蚡冒子而代立，是爲楚武王。與杜異。［陘］音刑。）又與之遇，七遇皆北。（軍走曰北。○［北］如字。一音佩。）唯裨、鯈、魚人實逐之。（裨、鯈、魚，庸三邑。魚，魚復縣，今巴東永安縣。輕楚故但使三邑人逐之。［裨］婢支反。［鯈］直留反。）○庸人曰：楚不足與戰矣。遂不設備。楚子乘馹會師于臨品。（馹，傳車也。臨品，地名。［馹］人實反。［傳］丁戀反。）○分爲二隊。（隊，部也。兩道攻之。）子越自石溪、子貝自仞以伐庸。（子越，鬬椒也。石溪、仞，入庸道。）秦人、巴人從楚師，羣蠻從楚子盟。（蠻見楚強故。）遂滅庸。（傳言楚有謀臣，所以興。）宋公子鮑禮於國人。（鮑，昭公庶弟，文公也。）宋饑，竭其粟而貸之。年自七十以上，無不饋詒也，時加羞珍異。（羞，進也。）無日不數於六卿之門。（數，不疏。○［數］音朔。國之材人無不事也。有賢材者親自桓以下無不恤也。桓。鮑之曾祖。公子鮑美而豔。襄夫人欲通之。鮑適祖母。而不可。以禮自防閑。乃助之施。昭公無道。國人奉公子鮑以因夫人。於是華元為右師。元。華督曾孫。代公子成。○施式豉反。公孫友為左師。華耦為司馬。代公子卬。鱗矔為司徒。蕩意諸為司城。公子朝為司寇。代華御事。○矔古亂反。朝如字。初司城蕩卒。公孫壽辭司城。壽。蕩之子。請使意諸為之。意諸。壽之子。既而告人曰。君無道。吾官近。懼及焉。禍及己。弃官則族無所庇。子身之貳也。姑紓死焉。姑。且也。紓。緩也。雖亡子。猶不亡族。己在故也。既。夫人將使公田孟諸而殺之。公知之。盡以寶行。蕩意諸曰盍適諸侯。公曰。不能其大夫至于君祖母以及國人。君祖母。諸侯祖母之稱。謂襄夫人。諸侯誰納我。且既爲人君而又爲人臣。不如死。盡以其寶賜左右而使行。行去也。夫人使謂司城去公。對曰。臣之而逃其難。若後君何。言無以事後君。冬十一月甲寅。宋昭公將田孟諸。未至。夫人王姬使帥甸攻而殺之。襄夫人。周襄王姊。故稱王姬。帥甸。郊甸之帥。蕩意諸死之。不書。不告。書曰。宋人弒其君杵臼。君無道也。始例發於臣之罪。今稱國人。故重明君罪。文公即位。使母弟須爲司城。代意諸。華耦卒而使蕩虺爲司馬。虺。意諸之弟。○[虺]況鬼反。

經十有七年。春。晉人衛人陳人鄭人伐宋。自閔僖已下。終於春秋陳侯常在衛侯上今大夫會在衛下傳不言陳公孫寧後至則寧位非上卿故也夏四月癸亥葬我小君聲姜齊侯伐我西鄙西當爲北蓋經誤六月癸未公及齊侯盟于穀。諸侯會于扈昭公雖以無道見弒而文公猶宜以弒君受討故林父伐宋以失所稱人晉侯平宋以無功不序明君雖不君臣不可不臣所以督大教秋公至自穀無傳冬公子遂如齊

傳十七年春晉荀林父衛孔達陳公孫寧鄭石楚伐宋討曰何故弒君猶立文公而還卿不書失其所也卿不書謂稱人夏四月癸亥葬聲姜有齊難是以緩過五月之例齊侯伐我北鄙襄仲請盟六月盟于穀晉不能救魯故請服晉侯蒐于黃父一名黑壤晉地遂復合諸侯于扈平宋也傳不列諸

國而言復合則如上十五年會邑之諸侯可知也○(復)扶又反公不與會齊難故也○
書曰諸侯無功也○刺欲平宋而復不能○(與)音預於是晉侯不見鄭
伯以爲貳於楚也鄭子家使執訊而與之書以告趙
宣子○執訊通訊問之官○爲書與宣子○曰寡君卽位三年魯文二年○召蔡侯
而與之事君九月蔡侯入于敝邑以行行朝晉也敝邑以
侯宣多之難寡君是以不得與蔡侯偕宣多既立穆公恃寵專權
十一月克減侯宣多而隨蔡侯以朝于執事減損也難未盡
而行言汲汲于朝晉十二年六月歸生佐寡君之嫡夷歸生子家名夷
大子名以請陳侯于楚而朝諸君請陳于楚與俱朝晉十四年七
月寡君又朝以蕆陳事蕆勑也勑成前好○(蕆)勑展反十五年五月

陳侯自敝邑往朝于君往年正月燭之武往朝夷也將夷往朝晉八月寡君又往朝以陳蔡之密邇於楚而不敢貳焉則敝邑之故也密邇比近也雖敝邑之事君何以不免免免罪也在位之中一朝于襄襄公而再見于君君靈公也○[見]賢遍反夷與孤之二三臣相及於絳孤之二三臣謂燭之武歸生自謂也絳晉國都雖我小國則蔑以過之矣今大國曰爾未逞吾志敝邑有亡無以加焉古人有言曰畏首畏尾身其餘幾言首尾有畏則身中不畏者少又曰鹿死不擇音音所茠蔭之處古字聲同皆相假借○[茠]虛求反[蔭]於鴆反小國之事大國也德則其人也以德加己則以人道相事不德則其鹿也鋌而走險急何能擇鋌疾

走貌言急則欲蔭茠於楚如鹿赴險○〔鋌〕他頂反命之罔極亦知亡矣言晉命無
極將悉敝賦以待於鯈唯執事命之鯈晉鄭之竟言欲以兵距晉○
〔鯈〕直留反文公二年六月壬申朝于齊鄭文二年六月壬申魯莊二十三年
六月二十四日四年二月壬戌爲齊侵蔡魯莊二十五年二月無壬戌壬戌三
月二十日亦獲成於楚鄭與楚成居大國之閒而從於彊令豈
其罪也令號令也大國若弗圖無所逃命晉鞏朔行成於
鄭趙穿公壻池爲質焉趙穿晉卿也公壻池晉侯女壻○〔鞏〕九勇反〔質〕音致秋
周甘歜敗戎于邥垂乘其飲酒也歜周大夫邥垂周地河南新城縣北
有垂亭爲成元年晉侯平戎于王張本○〔歜〕昌欲反〔邥〕音審冬十月鄭大子夷石
楚爲質于晉夷靈公也石楚鄭大夫襄仲如齊拜穀之盟復曰

臣聞齊人將食魯之麥以臣觀之將不能齊君之語偷臧文仲有言曰民主偷必死（偷猶苟且）

經十有八年春王二月丁丑公薨于臺下秦伯罃卒（無傳未同盟而赴以名○[罃]於耕反）夏五月戊戌齊人弒其君商人（不稱盜罪商人）六月癸酉葬我君文公秋公子遂叔孫得臣如齊（書二卿以兩事行非相爲介）冬十月子卒（先君既葬不稱君者魯人諱弒以未成君書之子在喪之稱）夫人姜氏歸于齊季孫行父如齊（無傳）莒弒其君庶其（稱君君無道也）

傳十八年春齊侯戒師期（將以伐魯）而有疾醫曰不及秋將死公聞之卜曰尚無及期（尚庶幾也欲令先師期死○[先]悉薦反）惠

伯令龜。以卜事告龜。卜楚丘占之曰齊侯不及期非疾也。君亦不聞。言君先齊侯終。令龜有咎。言令龜者亦有凶咎見於卜兆。爲惠伯死張本。○〔見〕賢遍反。二月丁丑公薨。齊懿公之爲公子也與邴歜之父爭田弗勝。及卽位乃掘而刖之。斷其足。○〔邴〕音丙。又彼病反。〔歜〕昌欲反。〔掘〕其勿反。又其月反。而使歜僕。僕御也。納閻職之妻而使職驂乘。驂乘陪乘。○〔乘〕繩證反。夏五月公游于申池。齊南城西門名申門。齊城無池。唯此門左右有池。疑此則是。二人浴于池。歜以扑抶職。扑箠也。抶擊也。欲以相感激。○〔扑〕普卜反。〔抶〕勑乙反。〔箠〕市橤反。又之橤反。職怒。歜曰人奪女妻而不怒。一抶女庸何傷。職曰與刖其父而弗能病者何如。言不以父刖爲病恨。○〔女〕音汝。乃謀弒懿公。納諸竹中。歸舍爵而行。飲酒訖乃去。言齊人惡懿公。二人無所畏。○[舍]音赦。齊人立公子元。桓公子惠公。

六月。葬文公。秋。襄仲莊叔如齊。惠公立故。且拜葬也。襄仲賀惠公立。莊叔謝齊來會葬。文公二妃敬嬴生宣公。敬嬴嬖。而私事襄仲。宣公長。而屬諸襄仲。襄仲欲立之。叔仲不可。叔仲惠伯。○[屬]音燭。仲見于齊侯而請之。齊侯新立。而欲親魯。許之。冬十月。仲殺惡及視。而立宣公。惡大子。視其母弟。殺視不書。賤之。書曰子卒。諱之也。仲以君命召惠伯。詐以子惡命。其宰公冉務人止之。曰。入必死。叔仲曰。死君命可也。公冉務人曰。若君命。可死。非君命。何聽。弗聽。乃入。殺而埋之馬矢之中。惠伯死不書者。史畏襄仲。不敢書殺惠伯。公冉務人奉其

豨以奔蔡。既而復叔仲氏。不絕其後。夫人姜氏歸于齊。大

歸也。惡視之母出姜也。嫌與有罪出者異。故復發傳。將行。哭而過市曰。天乎。

仲爲不道。殺適立庶。市人皆哭。魯人謂之哀姜。所謂出姜。

不允於魯。○（過）古禾反。又古臥反。莒紀公生大子僕。又生季佗。愛季

佗而黜僕。且多行無禮於國。紀號也。莒夷無謚。故有別號。○（佗）徒何反。僕

因國人以弒紀公。以其寶玉來奔。納諸宣公。公命與

之邑。曰。今日必授。季文子使司寇出諸竟。曰。今日必

達。未見公而文子出之。故來不書。公問其故。季文子使大史克對曰。

先大夫臧文仲教行父事君之禮。行父奉以周旋。弗

敢失隊。曰。見有禮於其君者。事之如孝子之養父母。

也見無禮於其君者誅之如鷹鸇之逐鳥雀也先君周公制周禮曰則以觀德（則法也合法則爲吉德○〔隊〕音墜〔養〕去聲）德以處事（處猶制也）事以度功（度量也○〔度〕待洛反下同）功以食民（食養也○〔食〕音嗣）作誓命曰毀則爲賊（誓要信也毀則壞法也○〔壞〕音怪）掩賊爲藏（掩匿也）竊賄爲盜（賄財也）盜器爲姦（器國用也）主藏之名（以掩賊爲名）賴姦之用（用姦器也）爲大凶德有常無赦（刑有常）在九刑不忘（誓命以下皆九刑之書九刑之書今亡）行父還觀莒僕莫可則也（還猶周旋○〔還〕音旋）孝敬忠信爲吉德盜賊藏姦爲凶德夫莒僕則其孝敬則弒君父矣則其忠信則竊寶玉矣其人則盜賊也其器則姦兆也（兆域也）保而利之則主藏

也以訓則昏民無則焉不度於善度，居也。而皆在於凶
德是以去之昔高陽氏有才子八人高陽，帝顓頊之號。八人，其苗裔
○〔去〕起呂反，下同。蒼舒隤敳檮戭大臨尨降庭堅仲容叔達
此即垂、益、禹、皋陶之倫。庭堅即皋陶字。○〔隤〕音頹。〔敳〕五才反，一五回反。〔檮〕音稠，又音桃。〔戭〕音演，又已震反。
〔尨〕音厖。〔降〕音杭。齊聖廣淵明允篤誠天下之民謂之八愷齊，中
也。淵，深也。允，信也。篤，厚也。愷，和也。高辛氏有才子八人高辛，帝嚳之號。八人亦其
苗裔。○〔嚳〕苦毒反。伯奮仲堪叔獻季仲伯虎仲熊叔豹季貍
此即稷、契、朱虎、熊羆之倫。忠肅共懿宣慈惠和天下之民謂之八
元肅，敬也。懿，美也。宣，徧也。元，善也。此十六族也世濟其美不隕其名
濟，成也。隕，隊也。以至於堯堯不能舉舜臣堯舉八愷使主后

土。后土地官。禹作司空。平水土。即主地之官。以揆百事。莫不時序。地平天成。揆度也。成亦平也。舉八元使布五教于四方。契作司徒。五教在寬。故知契在八元之中。父義。母慈。兄友。弟共。子孝。內平外成。內諸夏。外夷狄。昔帝鴻氏有不才子。帝鴻黃帝。掩義隱賊。好行凶德。醜類惡物。頑嚚不友。是與比周。醜亦惡也。比近也。周密也。○〔嚚〕魚巾反。心不則德義之經為頑。口不道忠信之言為嚚。〔比〕毗志反。天下之民謂之渾敦。謂驩兜。渾敦不開通之貌。○〔渾〕戶本反。〔敦〕徒本反。少皞氏有不才子。少皞金天氏之號。次黃帝。毀信廢忠。崇飾惡言。崇聚也。靖譖庸回。服讒蒐慝。以誣盛德。靖安也。庸用也。回邪也。服行也。蒐隱也。慝惡也。盛德賢人也。○〔蒐〕所留反。天下之民謂之窮奇。謂共工。其行窮。其好奇。顓頊氏有不才子。不可教訓。不知話言。(話。善也。○[話]戶怪反。)告之則頑。(德義不入心。)舍之則嚚。(不道忠信。)○[舍]音赦。傲很明德以亂天常天下之民謂之檮杌。(謂鯀。檮杌。)(頑凶無儔匹之貌。○[檮]徒刀反。)此三族也世濟其凶增其惡名以至于堯堯不能去。(方以宣公比堯。行父比舜。故言堯亦不能去。須賢臣而除之。)縉雲氏有不才子。(縉雲。黃帝時官名。)貪于飲食冒于貨賄侵欲崇侈不可盈厭聚斂積實不知紀極不分孤寡不恤窮匱。(冒亦貪也。盈。滿也。實。財也。)天下之民以比三凶。(非帝者子孫。故別以比三凶。)謂之饕餮。(貪財爲饕。貪食爲餮。○[饕]他刀反。[餮]他結反。)舜臣堯。(爲堯臣。)賓于四門。(闢四門。達四聰。以賓禮衆賢。)流四凶族。(案四凶罪狀而流放之。)渾敦窮奇檮杌饕餮投諸四裔以禦螭魅。(投。弃也。裔。遠也。放之四遠。使當魑魅之災。魑魅。山林異氣所生。爲人害者。○〔魑〕勑知反。〔魅〕亡備反。是以堯崩而天下如一。同心戴舜。以爲天子。以其舉十六相。去四凶也。故虞書數舜之功。曰愼徽五典。五典克從。無違教也。徽，美也。典，常也。此八元之功。曰納于百揆。百揆時序。無廢事也。此八愷之功。曰賓于四門。四門穆穆。無凶人也。流四凶。舜有大功二十而爲天子。舉十六相，去四凶也。今行父雖未獲一吉人。去一凶矣。於舜之功。二十之一也。庶幾免於戾乎。史克激稱。以辨宣公之惑。釋行父之志。故其言美惡有過。辭蓋事宜也。

宋武氏之族道昭公子。將奉司城須以作亂。文公弒昭公。故武族欲因其子以作亂。司城須。文公弟。○〔道〕音導。十二月。宋公殺母弟須及昭公子。使戴莊桓之族。攻武氏於司馬子伯之館。戴族。華樂也。莊族。公孫師也。桓族。向魚鱗蕩也。司馬子伯。華耦也。○[向]舒亮反。遂出武穆之族。穆族黨於武氏故。使公孫師爲司城。公孫師。莊公之孫。公子朝卒。使樂呂爲司寇。以靖國人。樂呂。戴公之曾孫。爲宣三年宋師圍曹傳。

春秋經傳集解文公下第九

春秋經傳集解宣公上第十

宣公名倭一名接又作委文公子母敬嬴謚法善問周達曰宣

杜氏註　盡十一年

經元年春王正月公卽位無傳公子遂如齊逆女不譏喪娶者不待貶責而自明也卿爲君逆例在文四年三月遂以夫人婦姜至自齊稱婦有姑之辭不書氏史闕文夏季孫行父如齊晉放其大夫胥甲父于衛放者受罪黜免宥之以遠公會齊侯于平州平州齊地在泰山牟縣西公子遂如齊六月齊人取濟西田魯以賂齊齊人不用師徒故曰取秋邾子來朝無傳楚子鄭人侵陳遂侵宋晉趙盾帥師救陳傳言救陳宋經無宋字蓋闕○盾徒本反宋公陳侯衛侯曹伯會晉

師于棐林伐鄭。（晉師救陳宋四國君往會之共伐鄭也不言會趙盾取於兵會非好會也○棐林鄭地滎陽宛陵縣東南有林鄉○［棐］芳尾反）

冬晉趙穿帥師侵崇。晉人宋人伐鄭。

傳元年春王正月公子遂如齊逆女。尊君命也。（諸侯之卿出入稱名氏所以尊君命也傳於此發者與還文不同故釋之）

三月遂以夫人婦姜至自齊。尊夫人也。（遂不言公子替其尊稱所以成小君之尊也公子當時之寵號非族也故傳不言舍族釋例論之備矣）

夏季文子如齊納賂以請會。（宣公篡立未列於會故以賂請之）

晉人討不用命者。放胥甲父于衛。（胥甲下軍佐文十二年戰河曲不肯薄秦於險）而立胥克。（克甲之子）先辛奔齊。（辛甲之屬大夫）

會于平州以定公位。（篡立者諸侯既與之會則不得復討臣子殺之與弑君同故公

（與齊會而位定。）東門襄仲如齊拜成。（謝得會也。）六月齊人取濟西之田。爲立公故以賂齊也。（濟西故曹地。僖三十一年。晉文以分魯。）宋人之弑昭公也。（在文十六年。）晉荀林父以諸侯之師伐宋。宋及晉平。宋文公受盟于晉。又會諸侯于扈。將爲魯討齊。皆取賂而還。（文十五年十七年。二扈之盟皆受賂。）鄭穆公曰。晉不足與也。遂受盟于楚。陳共公之卒。楚人不禮焉。（卒在文十三年。）陳靈公受盟于晉。秋楚子侵陳。遂侵宋。晉趙盾帥師救陳宋。會于棐林。以伐鄭也。楚蔿賈救鄭。遇于北林。（與晉師相遇。滎陽中牟縣西南有林亭。在鄭北。）因晉解揚。晉人乃還。（解揚。晉大夫。）晉欲求成於秦。趙穿曰。我侵崇。秦急崇。必救之。（崇。秦之與國吾以求成焉冬趙穿侵崇秦弗與成晉人伐鄭以報北林之役（報囚解揚）於是晉侯侈趙宣子爲政驟諫而不入故不競於楚（競強也爲明年鄭伐宋張本）

經二年春王二月壬子宋華元帥師及鄭公子歸生帥師戰于大棘宋師敗績獲宋華元（得大夫生死皆曰獲例在昭二十三年大棘在陳留襄邑縣南）秦師伐晉夏晉人宋人衞人陳人侵鄭（鄭爲楚伐宋獲其大夫晉趙盾興諸侯之師將爲宋報恥畏楚而還失霸者之義故貶稱人）秋九月乙丑晉趙盾弒其君夷皐（靈公不君而稱臣以弒者以示良史之法深責執政之臣例在四年○皐古刀反）冬十月乙亥天王崩（無傳）

傳二年春鄭公子歸生受命于楚伐宋（受楚命也）宋華元

樂呂御之。二月壬子。戰于大棘。宋師敗績。囚華元。獲樂呂。樂呂司寇。獲不書。非元帥也。獲生死通名。經言獲華元。故傳特護之曰囚。以明其生獲。故得見贖而還。及甲車四百六十乘。俘二百五十人。馘百人。狂狡輅鄭人。鄭人入于井。狂狡宋大夫。輅迎也。○馘古獲反。輅五嫁反。倒戟而出之。獲狂狡。君子曰。失禮違命。宜其爲禽也。戎昭果毅以聽之之謂禮。聽謂常存於耳。著於心。想聞其政令。○倒丁老反。毅魚既反。著直略反。殺敵爲果。致果爲毅。易之戮也。易反易。將戰。華元殺羊食士。其御羊斟不與。及戰。曰。疇昔之羊。子爲政。疇昔猶前日也。○食音嗣。斟之金反。與音預。今日之事。我爲政。與入鄭師。故敗。君子謂羊斟非人也。以其私憾。敗國殄民。憾恨也。殄盡也○[敗]必邁反又如字於是刑孰大焉詩所謂人之無良者詩小雅義取不良之人相怨以亡其羊斟之謂乎殘民以逞宋人以兵車百乘文馬百駟四畫馬爲文四百匹○[逞]勑領反以贖華元于鄭半入華元逃歸立于門外告而入告宋城門而後入言不苟見叔牂曰子之馬然也叔牂羊斟也卑賤得先歸華元見而慰之○[牂]子郎反對曰非馬也其人也叔牂知前言以顯故不敢讓罪既合而來奔叔牂言畢遂奔魯合猶荅也宋城華元爲植巡功植將主也○[植]直吏反[將]子匠反城者謳曰睅其目皤其腹弃甲而復睅出目皤大腹弃甲謂亡歸○[睅]戶板反大目也[皤]音婆于思于思弃甲復來于思多鬚之貌○[思]如字又西才反[來]力知反又如字[復]扶又反使其驂乘謂之曰牛則有皮犀兕尙多弃甲

則那。（那猶何也。○〔犀〕音西。〔兕〕徐履反。〔那〕乃多反。）役人曰：從其有皮，丹漆若何？華元曰：去之。夫其口衆我寡。（傳言華元不吝其咎，寬而容衆。）秦師伐晉，以報崇也。（伐崇在元年。）遂圍焦。（焦，晉河外邑。）夏，晉趙盾救焦，遂自陰地及諸侯之師侵鄭。（陰地，晉河南山北，自上洛以東至陸渾。○〔渾〕戶昏反。）以報大棘之役。楚鬬椒救鄭，曰：能欲諸侯而惡其難乎？遂次于鄭以待晉師。趙盾曰：彼宗競于楚，殆將斃矣。（競，強也。鬬椒，若敖之族，自子文以來，世爲令尹。○〔惡〕〔難〕皆去聲。）姑益其疾。乃去之。（欲示弱以驕之。傳言趙盾所以稱人，且爲四年楚滅若敖氏張本。）

晉靈公不君。（失君道也。以明於例應稱國以弒。）厚斂以彫牆。（彫，畫也。）從臺上彈人，而觀其辟丸也。宰夫胹熊蹯不熟，殺之，寘諸畚，使婦人載以過朝（畚以草索爲之筥屬○〔彈〕徒丹反〔胹〕音而煑也〔蹯〕扶元反〔畚〕音本）趙盾士季見其手問其故而患之將諫士季曰諫而不入則莫之繼也會請先不入則子繼之三進及溜而後視之（士季隨會也三進三伏公不省而又前也公知欲諫故佯不視○〔溜〕力救反屋霤也）曰吾知所過矣將改之稽首而對曰人誰無過過而能改善莫大焉詩曰靡不有初鮮克有終（詩大雅也○〔鮮〕息淺反少也）夫如是則能補過者鮮矣君能有終則社稷之固也豈唯羣臣賴之又曰袞職有闕惟仲山甫補之能補過也（詩大雅也袞君之上服闕過也言服袞者有過則仲山甫能補之）君能補過袞不廢矣（常服袞也）猶不改宣子驟諫公患之使鉏麑賊之（鉏麑

晉力士。○【鉏】仕俱反。【麑】音迷。一五兮反。晨往。寢門闢矣。盛服將朝。尚早。坐而假寐。不解衣冠而睡。○【闢】婢亦反。【盛】音成。麑退。歎而言曰。不忘恭敬。民之主也。賊民之主。不忠。弃君之命。不信。有一於此。不如死也。觸槐而死。槐。趙盾庭樹。○【槐】音懷。又音回。秋九月。晉侯飲趙盾酒。伏甲將攻之。其右提彌明知之。右。車右。○【飲】於鴆反。【提】上支反。【彌】面支反。趨登曰。臣侍君宴。過三爵。非禮也。遂扶以下。公嗾夫獒焉。明搏而殺之。獒。猛犬也。○【嗾】素口反。說文云。使犬也。【夫】音扶。【獒】五羔反。【搏】音博。盾曰。弃人用犬。雖猛何爲。責公不養士。而更以犬爲己用。鬭且出。提彌明死之。初宣子田於首山。舍于翳桑。田。獵也。翳桑。桑之多蔭翳者。首山在河東蒲坂縣東南。○【翳】於計反。見靈輒餓。問其病。靈輒。

晉人曰不食三日矣食之舍其半問之曰宦三年矣宦學也○〔食〕之音嗣下同〔舍〕音捨未知母之存否今近焉去家近請以遺之使盡之而爲之簞食與肉簞笥也○〔遺〕唯季反〔笥〕思嗣反寘諸橐以與之既而與爲公介靈輒爲公甲士○〔橐〕他洛反而〔與〕音預倒戟以禦公徒而免之問何故對曰翳桑之餓人也問其名居問所居不告而退不望報也遂自亡也輒亦去乙丑趙穿攻靈公於桃園穿趙盾之從父昆弟子乙丑九月二十七日宣子未出山而復晉竟之山也盾出奔聞公弒而還大史書曰趙盾弒其君以示於朝宣子曰不然對曰子爲正卿亡不越竟反不討賊非子而誰宣子曰烏呼我之懷矣自詒伊慼其我之

謂矣。逸詩也。言人多所懷戀。則自遺憂。孔子曰。董狐。古之良史也。書法不隱。不隱盾之罪。趙宣子。古之良大夫也。爲法受惡。善其爲法受屈。〔爲〕于僞反。○惜也。越竟乃免。越竟則君臣之義絕。可以不討賊。宣子使趙穿逆公子黑臀于周而立之。黑臀。晉文公子。○〔臀〕徒門反。壬申。朝于武宮。壬申。十月五日。既有日而無月。冬在壬申下。明傳文無較例。○〔較〕音角。又初驪姬之亂。詛無畜羣公子。詛。盟誓。○〔驪〕力知反。自是晉無公族。無公子。故廢公族之官。及成公卽位。乃宦卿之適而爲之田以爲公族。宦。仕也。爲置田邑。以爲公族大夫。○〔適〕丁歷反。〔爲〕置。于僞反。又宦其餘子。亦爲餘子。餘子。適子之母弟也。亦治餘子之政。其庶子爲公行。庶子。妾子也。掌率公戎行。〔行〕戶郎反。○晉於是有公族。餘子。公行。皆官名。趙盾請以括爲公族括趙盾異母弟趙姬之中子屏季也○[中]如字又丁仲反[屏]步丁反曰君姬氏之愛子也趙姬文公女成公姊也微君姬氏則臣狄人也公許之盾狄外孫也姬氏逆之以爲適事見僖二十四年冬趙盾爲旄車之族旄車公行之官盾本卿適其子當爲公族辟屏季故更掌旄車使屏季以其故族爲公族大夫盾以其故官屬與屏季使爲衰之適○[衰]初危反

經三年春王正月郊牛之口傷改卜牛牛死乃不郊牛不稱牲未卜日猶三望葬匡王無傳四月而葬速楚子伐陸渾之戎夏楚人侵鄭秋赤狄侵齊無傳宋師圍曹冬十月丙戌鄭伯蘭卒再與文同盟葬鄭穆公無傳

傳三年春不郊而望皆非禮也言牛雖傷死當更改卜取其吉者郊不可

廢也。前年冬。天王崩。未葬。而郊者。不以王事。廢天事。禮記。曾子問。天子崩。未殯。五祀不行。既殯而祭。自啓至于反哭。五祀之祭不行。已葬而祭。望郊之屬也。不郊亦無望可也。已有例在僖三十一年。復發傳者。嫌牛死與卜不從異。晉侯伐鄭。及郔。鄭及晉平。士會入盟。郔。鄭地。爲夏楚侵鄭傳。○〔郔〕音延。楚子伐陸渾之戎。遂至于雒。觀兵于周疆。雒水出上雒冢領山。至河南鞏縣入河。定王使王孫滿勞楚子。王孫滿。周大夫。○〔勞〕力報反。楚子問鼎之大小輕重焉。示欲偪周取天下。對曰。在德不在鼎。昔夏之方有德也。禹之世。遠方圖物。圖畫山川奇異之物而獻之。貢金九牧。使九州之牧貢金。鑄鼎象物。象所圖物。著之於鼎。〔鑄〕之樹反。〔著〕張慮反。○百物而爲之備。使民知神姦。圖鬼神百物之形。使民逆備之。故民入川澤山林。不逢不若。若。順。

也。螭魅罔兩。螭山神獸形魅怪物罔兩水神○[螭]勑知反[魅]亡備反莫能逢之

逢遇也。用能協于上下。以承天休。民無災害則上下和而受天祐。桀有

昏德。鼎遷于商。載祀六百。載祀皆年○載祀商曰祀唐虞曰載。商紂暴

虐。鼎遷于周。德之休明。雖小重也。不可遷。其姦回昏亂。

雖大輕也。言可移。天祚明德。有所厎止。厎致也。成王定鼎

于郟鄏。郟鄏今河南也武王遷之成王定之○[郟]古洽反[鄏]音辱。卜世三十。卜年

七百。天所命也。周德雖衰。天命未改。鼎之輕重。未可

問也。夏。楚人侵鄭。鄭即晉故也。宋文公即位三年。殺

母弟須及昭公子。武氏之謀也。武氏謀奉母弟須及昭公子以作亂事在

文十八年。使戴桓之族攻武氏於司馬子伯之館。盡逐武

穆之族。武穆之族。以曹師伐宋。秋。宋師圍曹。報武氏之亂也。冬。鄭穆公卒。初。鄭文公有賤妾曰燕姞。姞。南燕姓。○〔姞〕其乙反。夢天使與己蘭。蘭。香草。曰余爲伯鯈。余而祖也。伯鯈。南燕祖。○〔鯈〕直留反。以是爲而子。以蘭爲女子名。○〔女〕音汝。以蘭有國香。人服媚之如是。媚。愛也。欲令人愛之如蘭。既而文公見之。與之蘭而御之。辭曰。妾不才。幸而有子。將不信。敢徵蘭乎。懼將不見信。故欲計所賜蘭爲懷子月數。公曰。諾。生穆公。名之曰蘭。文公報鄭子之妃曰陳嬀。鄭子。文公叔父子儀也。漢律。淫季父之妻曰報。○〔嬀〕九危反。生子華。子臧。子臧得罪而出。出。奔宋。誘子華而殺之南里。在僖十六年。南里。鄭地。使盜殺子臧於陳宋之閒。在僖二十四年。又娶于江生公子士朝于楚楚人酖之及葉而死（葉楚地今南陽葉縣○〔酖〕直蔭反〔葉〕式涉反）又娶于蘇生子瑕子俞彌俞彌早卒洩駕惡瑕文公亦惡之故不立也（洩駕鄭大夫）公逐羣公子公子蘭奔晉從晉文公伐鄭（在僖三十年○〔從〕才用反又如字）石癸曰吾聞姬姞耦其子孫必蕃（姞姓宜為姬配耦）姞吉人也后稷之元妃也（姞姓之女為后稷妃周是以興故曰吉人）今公子蘭姞甥也天或啓之必將為君其後必蕃先納之可以亢寵（亢極也○〔亢〕苦浪反）與孔將鉏侯宣多納之盟于大宮而立之（大宮鄭祖廟○〔大〕音泰）以與晉平穆公有疾曰蘭死吾其死乎吾所以生也刈蘭而卒（傳言穆氏所以大興於鄭天所啓也）

經四年春王正月公及齊侯平莒及郯莒人不肯公伐莒取向（莒郯二國相怨故公與齊侯共平之向莒邑東海承縣東南有向城遠疑也○〔向〕舒亮反〔承〕之甑反一作烝）秦伯稻卒（無傳未同盟）夏六月乙酉鄭公子歸生弑其君夷（傳例曰稱臣臣之罪也子公實弑而書子家罪其權不足也）赤狄侵齊（無傳）秋公如齊（無傳）公至自齊（無傳告于廟例在桓二年）冬楚子伐鄭

傳四年春公及齊侯平莒及郯莒人不肯公伐莒取向非禮也平國以禮不以亂伐而不治亂也（責公不先以禮治之而用伐）以亂平亂何治之有無治何以行禮楚人獻黿於鄭靈公（穆公大子夷也○〔黿〕音元）公子宋與子家將見（宋子公也）

子家歸生。○[見]賢遍反。○子公之食指動指第二指也。以示子家曰他日我如此必嘗異味及入宰夫將解黿相視而笑公問之問所笑。○[解]如字。子家以告及食大夫黿召子公而弗與也欲使指動無效。○[食]音嗣。子公怒染指於鼎嘗之而出公怒欲殺子公子公與子家謀先先公爲難。○[染]如琰反。[先]公悉薦反。子家曰畜老猶憚殺之六畜。○[畜]許又反。又許六反。而況君乎反譖子家子家懼而從之譖子家於公。夏弒靈公書曰鄭公子歸生弒其君夷權不足也子家權不足以禦亂。懼譖而從弒君。故書以首惡。君子曰仁而不武無能達也初稱畜老。仁也。不討子公。是不武也。故不能自通於仁道。而陷弒君之罪。凡弒君稱君君無道也稱臣臣之罪也稱君謂唯書君名而稱國以弒言衆所共絕也稱臣者謂書弒者之名以示來世終爲不義改殺稱弒辟其惡名取有漸也書弒之義釋例論之備矣鄭人立子良辭曰以賢則去疾不足去疾子良名(去)上聲下皆同○以順則公子堅長乃立襄公襄公堅也襄公將去穆氏逐羣兄弟而舍子良以其讓己(舍)音赦下同○子良不可曰穆氏宜存則固願也若將亡之則亦皆亡去疾何爲何爲獨留乃舍之皆爲大夫初楚司馬子良生子越椒子文曰必殺之子文子良之兄是子也熊虎之狀而豺狼之聲弗殺必滅若敖氏矣諺曰狼子野心是乃狼也其可畜乎子良不可子文以爲大慼及將死聚其族曰椒也知政乃速行矣無及於難且泣曰鬼猶

求食若敖氏之鬼不其餒而而語助言必餒○〔難〕乃旦反及令尹
子文卒鬭般爲令尹般子文之子子揚○〔般〕音班子越爲司馬蔿
賈爲工正譖子揚而殺之子越爲令尹己爲司馬賈爲
椒譖子揚而己得椒處○〔蔿〕于委反子越又惡之惡賈○〔惡〕烏路反乃以若敖
氏之族圄伯嬴於轑陽而殺之圄囚也伯嬴蔿賈也轑陽楚邑○〔圄〕魚呂
反〔轑〕音遼遂處烝野將攻王王以三王之子爲質焉弗受
烝野楚邑三王文成穆○〔質〕音致師于漳澨漳澨漳水邊○〔漳〕音章〔澨〕市制反秋七
月戊戌楚子與若敖氏戰于皐滸皐滸楚地〔滸〕呼五反○伯棼
射王汏輈及鼓跗著於丁寧伯棼越椒也輈車轅汏過也箭過車轅上丁寧
鉦也○〔棼〕扶云反〔射〕食亦反〔汏〕他末反〔輈〕陟留反〔跗〕芳扶反〔著〕直略反〔鉦〕音征又射汏輈以

貫笠轂。（兵車無蓋。尊者則邊人執笠。依轂而立。以禦寒暑。名曰笠轂。此言箭過車轅。及王之蓋。○（轂）古木反。）師懼退。王使巡師曰。吾先君文王克息。獲三矢焉。伯棼竊其二。盡於是矣。鼓而進之。遂滅若敖氏。初。若敖娶於䢵。（䢵。國名。○（䢵）音云。）生鬬伯比。若敖卒。從其母畜於䢵。（畜。養也。○（畜）許六反。）淫於䢵子之女。生子文焉。䢵夫人使弃諸夢中。（夢。澤名。江夏安陸縣城東南有雲夢城。○（夢）音蒙。又亡貢反。）虎乳之。䢵子田。見之。懼而歸。夫人以告。（告女私通所生。○（乳）如主反。）遂使收之。楚人謂乳穀。謂虎於菟。故命之曰鬬穀於菟。以其女妻伯比。（伯比所淫者。○（穀）奴口反。（於）音烏。（菟）音徒。（妻）七計反。）實爲令尹子文。（鬬氏始自子文爲令尹。）其孫箴尹克黃（箴尹。官名。克黃。子揚之子。○（箴）之金反。）使於齊還及宋聞亂其人曰不可以入矣箴尹曰弃君之命獨誰受之君天也天可逃乎遂歸復命而自拘於司敗王思子文之治楚國也曰子文無後何以勸善使復其所改命曰生易其名也冬楚子伐鄭鄭未服也前年楚侵鄭不獲成故曰未服

經五年春公如齊夏公至自齊秋九月齊高固來逆叔姬高固齊大夫不書女歸降於諸侯叔孫得臣卒無傳不書日公不與小斂○與音預冬齊高固及子叔姬來叔姬寧固反馬楚人伐鄭

傳五年春公如齊高固使齊侯止公請叔姬焉留公強成昏○強其丈反夏公至自齊書過也公既見止連昏於鄰國之臣厭尊毀列累其先

君而於廟行飲至之禮故書以示過○（厭）於涉反（累）劣僞反

秋九月齊高固來逆女自爲也故書曰逆叔姬卿自逆也適諸侯稱女適大夫稱字所以別尊卑也此春秋新例故稱書曰而不言凡也不於莊二十七年發例者嫌見逼而成昏因明之○（爲）于僞反（別）彼列反

冬來反馬也禮送女留其送馬謙不敢自安三月廟見遣使反馬高固遂與叔姬俱寧故經傳具見以示譏

楚子伐鄭陳及楚平晉荀林父救鄭伐陳爲明年晉衞侵陳傳

經六年春晉趙盾衞孫免侵陳夏四月秋八月螽無傳

冬十月

傳六年春晉衞侵陳陳即楚故也夏定王使子服求后于齊子服周大夫秋赤狄伐晉圍懷及邢丘邢丘今河內平皐縣

晉侯欲伐之中行桓子曰使疾其民(驕則數戰爲民所疾)以盈其貫將可殪也(殪盡也貫猶習也○〔貫〕古患反〔殪〕於計反)周書曰殪戎殷(周書康誥也義取周武王以兵伐殷盡滅之)此類之謂也(爲十五年晉滅狄傳)冬召桓公逆王后于齊(召桓公王卿士事不關魯故不書爲成二年王甥舅張本○〔召〕上照反)楚人伐鄭取成而還(九年十一年傳所稱厲之役蓋在此)鄭公子曼滿與王子伯廖語欲爲卿(二子鄭大夫○〔曼〕音萬〔廖〕力彫反)伯廖告人曰無德而貪其在周易豐䷶(離下震上豐)之離䷝(豐上六變而爲純離也周易論變故雖不筮必以變言其義豐上六曰豐其屋蔀其家闚其戶闃其無人三歲不覿凶義取無德而大其屋不過三歲必滅亡○〔蔀〕步口反〔闚〕苦規反〔闃〕苦鶪反)弗過之矣(不過三年)閒一歲鄭人殺之

經七年春衞侯使孫良夫來盟夏公會齊侯伐萊傳例曰不與謀也萊國今東萊黄縣秋公至自伐萊無傳大旱無傳書旱而不書雩雩無功或不雩冬公會晉侯宋公衞侯鄭伯曹伯于黑壤

傳七年春衞孫桓子來盟始通且謀會晉也公即位衞始脩好夏公會齊侯伐萊不與謀也凡師出與謀曰及不與謀曰會與謀者謂同志之國相與講議利害計成而行之故以相連及爲文若不獲已應命而出則以外合爲文皆據魯而言師者國之大事存亡之所由故詳其舉動以例別之○〔與〕音預下同

赤狄侵晉取向陰之禾此無秋字蓋闕文晉用桓子謀故縱狄○〔向〕舒亮反鄭及晉平公子宋之謀也故相鄭伯以會冬盟于黑壤王叔桓公臨之以謀不睦王叔桓公周卿士銜天子之命以監臨諸侯不同歡

者尊卑之別也晉侯之立也在二年公不朝焉又不使大夫聘
晉人止公于會盟于黃父公不與盟以賂免黃父卽黑壤
故黑壤之盟不書諱之也慢盟主以取執止之辱故諱之
經八年春公至自會無傳義與五年書過同夏六月公子遂如
齊至黃乃復無傳蓋有疾而還大夫受命而出雖死以尸將事遂以疾還非禮也辛巳
有事于大廟仲遂卒于垂有事祭也仲遂卒與祭同日略書有事爲繹張本不壬午
言公子因上行還閔無異事省文從可知也稱字時君所嘉無義例也垂齊地非魯竟故書地
猶繹萬入去籥繹又祭陳昨日之禮所以賓尸萬舞名籥管也猶者可止之辭魯人知卿
佐之喪不宜作樂而不知廢繹故内舞去籥惡其聲聞○〔去〕起呂反戊子夫人嬴氏薨
無傳宣公母也晉師白狄伐秦楚人滅舒蓼秋七月甲子日

有食之既。〔無傳。十月三日食。〕冬十月己丑，葬我小君敬嬴。〔敬，謚。嬴，嬴姓也。反哭成喪，故稱葬小君。〕雨不克葬，庚寅日中而克葬。〔克，成也。〕城平陽。〔今泰山有平陽縣。〕楚師伐陳。

傳八年春，白狄及晉平，夏，會晉伐秦。〔經在仲遂卒下，從赴。〕晉人獲秦諜，殺諸絳市，六日而蘇。〔蓋記異也。〕有事于大廟，襄仲卒而繹，非禮也。楚爲衆舒叛故伐舒蓼，滅之。〔舒、蓼，二國名。〇〔爲〕于僞反。〕楚子疆之，〔正其界也。〕及滑汭，〔滑，水名也。〇〔滑〕于八反。〕盟吳越而還。〔吳國，今吳郡。越國，今會稽山陰縣也。傳言楚彊，吳越服從。〇〔會〕古外反。〕晉胥克有蠱疾，〔惑以喪志。〇〔蠱〕音古。〕郤缺爲政。〔代趙盾。〕秋，廢胥克，使趙朔佐下軍。〔朔，盾之子，代胥克。爲成十七年胥童怨郤氏張本。〕冬，葬敬嬴，旱，無麻，始用

葛苐記禮變之所由苐所以引柩殯則有之以備火葬則以下柩○〔苐〕方勿反引棺索也雨不

克葬禮也禮卜葬先遠日辟不懷也懷思也城平陽書

時也陳及晉平楚師伐陳取成而還言晉楚爭強

經九年春王正月公如齊無傳公至自齊無傳夏仲孫蔑

如京師齊侯伐萊無傳秋取根牟根牟東夷國也今琅邪陽都縣東有牟鄉

八月滕子卒未同盟九月晉侯宋公衛侯鄭伯曹伯會

于扈晉荀林父帥師伐陳辛酉晉侯黑臀卒于扈卒於

竟外故書地四與文同盟九月無辛酉日誤冬十月癸酉衛侯鄭卒無傳三與

文同盟宋人圍滕楚子伐鄭晉郤缺帥師救鄭陳殺其

大夫洩冶洩冶直諫於淫亂之朝以取死故不爲春秋所貴而書名○〔洩〕息列反〔冶〕音也

傳九年春王使來徵聘徵召也言周徵也徵聘不書徵加諷諭不指斥夏孟獻子聘於周王以爲有禮厚賄之秋取根牟言易也○(易)以豉反滕昭公卒爲宋圍滕傳會于扈討不睦也謀齊陳陳侯不會前年與楚成故晉荀林父以諸侯之師伐陳不書諸侯師林父帥之無將帥晉侯卒于扈乃還冬宋人圍滕因其喪也陳靈公與孔寧儀行父通於夏姬皆衷其衵服以戲于朝二子陳卿夏姬鄭穆公女陳大夫御叔妻衷懷也衵服近身衣○(夏)戶雅反(衷)音忠又丁仲反(衵)女乙反一汝栗反(御)如字一魚呂反洩冶諫曰公卿宣淫民無效焉宣示也且聞不令君其納之納藏衵服公曰吾能改矣公告二子二子請殺之公弗禁遂殺洩冶孔子曰詩云民之

多辟。無自立辟。其洩冶之謂乎。辟。邪也。辟。法也。詩大雅。言邪辟之世。不可立法。國無道。危行言孫。○多[辟]匹亦反。立[辟]婢亦反。楚子爲厲之役故伐鄭。六年楚伐鄭。取成於厲。既成。鄭伯逃歸。事見十一年。○[爲]去聲。晉郤缺救鄭。鄭伯敗楚師于柳棼。柳棼。鄭地。[棼]扶云反。○國人皆喜。唯子良憂曰。是國之災也。吾死無日矣。自是晉楚交兵伐鄭。十二年。卒有楚子入鄭之禍。

經十年。春。公如齊。公至自齊。無傳齊人歸我濟西田。元年以賂齊也。不言來。公如齊。因受之。夏四月丙辰。日有食之。無傳。不書朔。官失之。己巳。齊侯元卒。未同盟而赴以名。齊崔氏出奔衛。齊略見舉族出。因其告辭以見無罪。公如齊。五月。公至自齊。無傳癸巳。陳夏徵舒弒其君平國。徵舒。陳大夫也。靈公惡不加民。故稱臣以弒。六月。宋師伐滕。公孫歸父如齊葬齊惠公（無傳。歸父，襄仲之子。）晉人、宋人、衛人、曹人伐鄭。（鄭及楚平故。）秋，天王使王季子來聘。（王季子者，公羊以為天王之母弟。然則字季子。天子大夫稱字。）公孫歸父帥師伐邾，取繹。（繹，邾邑。魯國鄒縣北有繹山。）大水。（無傳。）季孫行父如齊。冬，公孫歸父如齊。齊侯使國佐來聘。（既葬成君，故稱君命使也。）饑。（無傳。有水災，嘉穀不成。）楚子伐鄭。

傳十年春，公如齊。齊侯以我服故，歸濟西之田。（公比年朝齊故。）夏，齊惠公卒。崔杼有寵於惠公，高、國畏其偪也，（高、國二家，齊正卿。○〔杼〕音杵。〔偪〕音逼。）公卒而逐之，奔衛。書曰「崔氏」，非其罪也；且告以族，不以名。（典策之法，告者皆當書以名。今齊特以族告，夫子因而存之，以

示無罪又言且告以族不以名者明春秋有因而用之不皆改舊史凡諸侯之大夫違
違奔放也告於諸侯曰某氏之守臣某上某氏者姓下某名○[守]音狩失
守宗廟敢告所有玉帛之使者則告玉帛之使謂聘不然則
否恩好不接故亦不告公如齊奔喪公親奔喪非禮也公出朝會奔喪會葬皆書如不言
其事史之常也陳靈公與孔寧儀行父飲酒於夏氏公謂行
父曰徵舒似女對曰亦似君徵舒病之靈公卽位於今十五年徵
舒已爲卿年大無嫌是公子蓋以夏姬淫放故謂其子多似以爲戲○[女]音汝公出自其廄
射而殺之二子奔楚○[射]音石滕人恃晉而不事宋六月
宋師伐滕鄭及楚平前年敗楚師恐楚深怨故與之平諸侯之師伐
鄭取成而還秋劉康公來報聘報孟獻子之聘卽王季子也其後食采於

劉。師伐邾取繹。爲子家如齊傳。季文子初聘于齊。齊侯初即位。冬。
子家如齊伐邾故也。魯侵小。恐爲齊所討。故往謝。國武子來報聘。
報文子也。楚子伐鄭。晉士會救鄭。逐楚師于潁北。潁水出河南陽城。至下蔡入淮。諸侯之師戍鄭。鄭子家卒。鄭人討幽公之亂。
斲子家之棺。而逐其族。以四年弑君故也。斲薄其棺。不使從卿禮。○〔斲〕竹角反。
改葬幽公。謚之曰靈。
經十有一年。春。王正月。夏。楚子陳侯鄭伯盟于辰陵。
楚復伐鄭。故受盟也。辰陵。陳地。潁川長平縣東南有辰亭。公孫歸父會齊人伐莒。
無傳。秋。晉侯會狄于欑函。晉侯往會之。故以狄爲會主。欑函。狄地。○〔欑〕才端反。〔函〕音咸。
冬十月。楚人殺陳夏徵舒。不言楚子而稱人。討賊辭也。丁亥。楚

子入陳。楚子先殺徵舒而欲縣陳後得申叔時諫乃復封陳不有其地故書入在殺徵舒之後

納公孫寧儀行父于陳。二子淫昏亂人也君弒之後能外託楚以求報君之讎內結彊援於國故楚莊得平步而討陳除弒君之賊於時陳成公播蕩於晉定亡君之嗣靈公成喪賊討國復功足以補過故君子善楚復之

傳十一年春。楚子伐鄭。及櫟。子良曰。晉楚不務德而兵爭。與其來者可也。晉楚無信。我焉得有信。乃從楚。夏。楚盟于辰陵。陳鄭服也。傳言楚與晉狎主盟○[櫟]音歷楚左尹子重侵宋。子重公子嬰齊莊王弟王待諸郔。郔楚地[郔]音延○令尹蔿艾獵城沂。艾獵孫叔敖也沂楚邑○[蔿]羽委反使封人慮事。封人其時主築城者慮事無慮計功○[慮]如字一力於反廣雅云無慮都凡也以授司徒。司徒掌役量功命日。

命作日數。分財用。財用築作具。平板榦。榦楨也。稱畚築。量輕重。畚盛土器。○〔畚〕音本。程土物。爲作程限。議遠邇。均勞逸。略基趾。趾城足。略行也。○〔行〕去聲。具餱糧。餱乾食也。度有司。謀監主。○〔度〕待各反。事三旬而成。十日爲旬。不愆于素。不過素所慮之期也。傳言叔敖之能使民。晉郤成子求成于衆狄。衆狄疾赤狄之役。遂服于晉。赤狄潞氏最彊。故服役衆狄。秋會于欑函。衆狄服也。是行也。諸大夫欲召狄。郤成子曰。吾聞之。非德莫如勤。非勤何以求人。能勤有繼。其從之也。勤則功繼之。詩曰。文王既勤止。詩頌。文王勤以創業。文王猶勤。況寡德乎。冬。楚子爲陳夏氏亂故。伐陳。十年夏徵舒弒君。謂陳人無動。將討於少西氏。少西徵舒之祖子夏之名。遂入陳。殺夏徵舒轘諸栗門（轘車裂也栗門陳城門○〔轘〕音患）因縣陳（滅陳以為楚縣）陳侯在晉（靈公子成公午）申叔時使於齊反復命而退王使讓之曰夏徵舒為不道弒其君寡人以諸侯討而戮之諸侯縣公皆慶寡人（楚縣大夫皆僭稱公）女獨不慶寡人何故對曰猶可辭乎王曰可哉曰夏徵舒弒其君其罪大矣討而戮之君之義也抑人亦有言曰牽牛以蹊人之田（抑辭也蹊徑也○〔蹊〕音兮）而奪之牛牽牛以蹊者信有罪矣而奪之牛罰已重矣諸侯之從也曰討有罪也今縣陳貪其富也以討召諸侯而以貪歸之無乃不可乎王曰善哉吾未之聞也反之可乎對曰可哉吾儕小人

所謂取諸其懷而與之也。叔時謙言。小人意淺。謂譬如取人物於懷而還之。爲愈於不還。○〔儕〕仕皆反。乃復封陳。鄉取一人焉以歸。謂之夏州。州。鄉屬。示討夏氏所獲也。○〔復〕扶又反。故書曰楚子入陳納公孫寧儀行父于陳書有禮也。沒其縣陳本意。全以討亂存國爲文。善其得禮。厲之役。鄭伯逃歸。蓋在六年。自是楚未得志焉。鄭既受盟于辰陵。又徼事于晉。爲明年楚圍鄭傳。十年鄭及楚平。既無其事。辰陵盟後。鄭徼事晉。又無端跡。傳皆特發以明經也。自厲之役。鄭南北兩屬。故未得志。九年。楚子伐鄭。不以黑壤與伐遠稱厲之役者。志恨在厲役。此皆傳上下相包通之義也。○〔徼〕古堯反。

春秋經傳集解宣公上第十

春秋經傳集解宣公下第十一

杜氏註　盡十八年

經十有二年春葬陳靈公（無傳。賊討國復。二十一月。然後得葬。）楚子圍鄭（前年盟辰陵。而又徼事晉故。）夏六月乙卯晉荀林父帥師及楚子戰于邲晉師敗績（晉上軍成陳。故書戰。邲。鄭地。○邲扶必反。一音弼。）秋七月冬十有二月戊寅楚子滅蕭（蕭。宋附庸國。十二月無戊寅。戊寅十一月九日。）晉人宋人衛人曹人同盟于清丘（晉衛背盟。故大夫稱人。宋華椒承羣僞之言。以誤其國。宋雖有守信之善。而椒猶不免譏。清丘。衛地。今在濮陽縣東南。）宋師伐陳衛人救陳（背清丘之盟。）

傳十二年春楚子圍鄭旬有七日鄭人卜行成不吉

卜臨于大宮。（臨，哭也。大宮，鄭祖廟。○[臨]力鴆反。[大]音泰。）且巷出車吉。（出車於巷。
示將見遷，不得安居。）國人大臨，守陴者皆哭。（陴，城上俾倪。皆哭，所以告楚窮也。○
[陴]音皮。[俾]普計反。[倪]音詣。）楚子退師。鄭人脩城，進復圍之，三月克
之。（哀其窮哭，故爲退師。而猶不服，故復圍之，九十日。○[復]扶又反。）入自皇門，至于逵
路。（塗方九軌曰逵。）鄭伯肉袒牽羊以逆，（肉袒牽羊，示服爲臣僕。）曰：孤不
天，（不爲天所祐。）不能事君，使君懷怒以及敝邑，孤之罪也。
敢不唯命是聽。其俘諸江南，以實海濱，亦唯命。其翦
以賜諸侯，使臣妾之，亦唯命。（翦，削也。）若惠顧前好，（楚鄭世有
盟誓之好。）徼福於厲、宣、桓、武，不泯其社稷，（周厲王、宣王，鄭之所自出也。鄭
桓公、武公，始封之賢君也。願楚要福于此四君，使社稷不滅。泯，猶滅也。○[泯]彌忍反。）使改事君

夷於九縣。楚滅九國以爲縣願得比之○九縣莊十四年滅息十六年滅鄧僖五年滅弦十二年滅黃二十六年滅夔文四年滅江五年滅六滅蓼十六年滅庸君之惠也孤之願也非所敢望也敢布腹心君實圖之左右曰不可許也得國無赦王曰其君能下人必能信用其民矣庸可幾乎退三十里而許之平退一舍以禮鄭○〔下〕遐嫁反〔幾〕音冀潘尫入盟子良出質潘尫楚大夫子良鄭伯弟○〔尫〕烏黃反〔質〕音致夏六月晉師救鄭荀林父將中軍代郤缺先縠佐之彘季代林父士會將上軍河曲之役郤缺將上軍宣八年代趙盾爲政將中軍士會代將上軍郤克佐之郤缺之子代臾駢○〔臾〕羊朱反〔駢〕蒲邊反趙朔將下軍代欒盾欒書佐之欒盾之子代趙朔趙括趙嬰齊爲中軍大夫括嬰齊皆趙盾異母弟鞏朔韓穿爲上軍大夫荀首趙同爲下軍大夫荀首林父弟。趙同趙嬰兄。○[鞏]九勇反。韓厥爲司馬韓萬玄孫。及河聞鄭既及楚平桓子欲還曰無及於鄭而勦民焉用之桓子林父。勦勞也。○[勦]初交反。又子小反。楚歸而動不後動兵伐鄭。隨武子曰善武子士會。會聞用師觀釁而動釁罪也。德刑政事典禮不易不可敵也不爲是征言征伐爲有罪。不爲有禮。○[爲]去聲。楚軍討鄭怒其貳而哀其卑叛而伐之服而舍之德刑成矣伐叛刑也柔服德也二者立矣昔歲入陳討徵舒。今茲入鄭民不罷勞君無怨讟讟謗也。○[罷]音皮。[讟]徒木反。政有經矣經常也。荊尸而舉荊楚也。尸陳也。楚武王始更爲此陳法。遂以爲名。○此[陳]直覲反。商農工賈不敗其業而卒乘輯睦。步曰卒。車曰乘。○(賈)音古。(輯)音集。又七入反。事不奸矣。奸犯也。蔿敖爲宰。擇楚國之令典。宰令尹。蔿敖孫叔敖。○(蔿)于委反。軍行右轅左追蓐。在車之右者。挾轅爲戰備。在左者。追求草蓐以爲宿備。傳曰令尹南轅。又曰改乘轅。楚陳以轅爲主。○(蓐)音辱。(挾)胡牒反。又古洽反。前茅慮無。慮無如今軍行前有斥候蹋伏。皆持以絳及白爲幡。見騎賊舉絳幡。見步賊舉白幡。備慮有無也。茅明也。或曰時楚以茅爲旌識。○(蹋)徒臘反。(識)申志反。一音志。中權後勁。中軍制謀。後以精兵爲殿。○(殿)丁練反。百官象物而動。軍政不戒而備。物猶類也。戒勑令。能用典矣。其君之舉也。內姓選於親。外姓選於舊。言親疏並用。舉不失德。賞不失勞。老有加惠。賜老則不計勞。旅有施舍。旅客來者。施之以惠。舍不勞役。君子小人。物有服章。尊卑別也。貴有常尊。賤有等威。威儀等差。有禮不逆矣。德立。刑行。政成。事時。典從。禮順。若之何敵之。見可而進。知難而退。軍之善政也。兼弱攻昧。武之善經也。昧，昏亂。經，法也。子姑整軍而經武乎。姑，且也。猶有弱而昧者。何必楚。仲虺有言曰。取亂侮亡。兼弱也。仲虺，湯左相，薛之祖奚仲之後。〇〔虺〕音卉。汋曰。於鑠王師。遵養時晦。汋，詩頌篇名。鑠，美也。言美武王能遵天之道，須暗昧者惡積而後取之。〇〔汋〕音酌。〔於〕音烏。〔鑠〕舒若反。耆昧也。耆，致也。致討於昧。〇〔耆〕音旨，又音其。武曰。無競惟烈。武，詩頌篇名。烈，業也。言武王兼弱取昧，故成無疆之業。撫弱耆昧。以務烈所可也。言當務從武王之功業，撫而取之。〇烈所絕句。彘子曰不可。彘子，先縠。晉所以霸。師武臣力也。今失諸侯。不可謂力。有敵而不從。不可謂武。由我失霸。不如死。且成師以出。聞敵彊而退。非夫也。非丈夫。命爲軍帥而卒以非夫。唯羣子能。我弗爲也。以中軍佐濟。佐，彘子所帥也。濟，渡河。知莊子曰。此師殆哉。莊子，荀首。○[知]音智。周易有之。在師☷☵坎下坤上，師。之臨☷☱兌下坤上，臨。師初六變而之臨。曰。師出以律。否臧凶。此師卦初六爻辭。律，法。否，不也。○[否]部鄙反。又方九反。執事順成爲臧。逆爲否。今彘子逆命，不順成，故應不臧之凶。衆散爲弱。坎爲衆，今變爲兌，兌柔弱。川壅爲澤。坎爲川，今變爲兌，兌爲澤，是川見壅。有律以如己也。如，從也。法行則人從法，法敗則法從人。坎爲法象，今爲衆則散，爲川則壅，是失法之用，從人之象。故曰律否臧。且律竭也。竭，敗也。坎變爲兌，是法敗。盈而以竭。夭且不整。所以凶也。水遇夭塞，不得整流，則竭涸也。○[夭]於表反。不行之謂臨。水變爲澤，乃成臨卦，澤不行之物有帥而不從臨孰甚焉此之謂矣（譬彘子之違命亦不可行）果遇必敗（遇敵）彘子尸之（主此禍）雖免而歸必有大咎（爲明年晉殺先縠傳）韓獻子（獻子韓厥）謂桓子曰彘子以偏師陷子罪大矣子爲元帥師不用命誰之罪也失屬亡師爲罪已重不如進也（令鄭屬楚故曰失屬彘子以偏師陷故曰亡師）事之不捷惡有所分也（捷成也）與其專罪六人同之不猶愈乎（三軍皆敗則六卿同罪不得獨責元帥）師遂濟楚子北師次於郔（郔鄭北地）沈尹將中軍（沈或作寢寢縣也今汝陰固始縣）子重將左子反將右將飲馬於河而歸（子反公子側○〔歛〕於鴆反）聞晉師既濟王欲還嬖人伍參欲戰（參伍奢之祖父○〔參〕七南反）令尹孫叔敖弗欲曰昔歲入陳

今茲入鄭。不無事矣。戰而不捷。參之肉其足食乎。參曰。若事之捷。孫叔爲無謀矣。不捷。參之肉將在晉軍可得食乎。令尹南轅反旆。（迴車南鄉。旆。軍前大旗。○[旆]蒲貝反。[鄉]許亮反。）伍參言於王曰。晉之從政者新。未能行令。其佐先縠剛愎不仁。未肯用命。（愎。很也。○[愎]皮逼反。[很]胡墾反。）其三帥者專行不獲。（欲專其所行而不得。）聽而無上。衆誰適從。（聽。彘子趙同趙括。則爲軍無上。令衆不知所從。○[適]丁歷反。）此行也。晉師必敗。且君而逃臣。若社稷何。王病之。告令尹。改乘轅而北之。次于管以待之。晉師在敖鄗之間。（滎陽京縣東北有管城。敖。鄗。二山在滎陽縣西北。○[乘]繩證反。[敖]五刀反。[鄗]苦交反。）鄭皇戌使如晉師。曰。鄭之從楚。社稷之故也。未有貳心。楚師驟勝而驕。其師老矣。而不設備。子擊之。鄭師爲承。承，繼也。○〔戌〕雖律反。楚師必敗。彘子曰。敗楚服鄭。於此在矣。必許之。欒武子曰。武子，欒書。○〔敗〕必邁反。楚自克庸以來。在文十六年。其君無日不討國人而訓之討，治也。于民生之不易。禍至之無日。戒懼之不可以怠。于，曰也。○〔易〕以豉反。在軍無日不討軍實而申儆之。軍實，軍器。○〔儆〕敬領反。于勝之不可保。紂之百克而卒無後。訓之以若敖蚡冒篳路藍縷以啓山林。若敖，蚡冒，皆楚之先君。篳路，柴車。藍縷，敝衣。言此二君勤儉以啓土。○〔蚡〕扶粉反。〔篳〕音必。〔藍〕力甘反。箴之曰。民生在勤。勤則不匱。不可謂驕。箴，誡。先大夫子犯有言曰。師直爲壯。曲爲老。我則不德而徼怨于楚。我曲楚直。不可謂老。不德謂以力爭諸侯徼要也 其君之戎分爲二廣。君之親兵○(廣)古曠反下同 廣有一卒。卒偏之兩。十五乘爲一廣司馬法百人爲卒二十五人爲兩車十五乘爲大偏今廣十五乘亦用舊偏法復以二十五人爲承副 右廣初駕。數及日中。左則受之。以至于昏。內官序當其夜。內官近官序次也 以待不虞。不可謂無備。子良鄭之良也。師叔楚之崇也。師叔潘尫爲楚人所崇貴 師叔入盟。子良在楚。楚鄭親矣。來勸我戰。我克則來。不克遂往。以我卜也。鄭不可從。趙括趙同曰。率師以來。唯敵是求。克敵得屬。又何俟。必從彘子。得屬服鄭 知季曰。原屏咎之徒也。知季莊子也原趙同屏趙括徒黨也○(知)音智荀首後爲知氏(屏)步丁反 趙莊子曰欒伯善哉。莊子趙朔欒伯武子實其言。必長晉國。實猶充也言欒書之身行能充此言則當執晉國之政也○〔長〕丁丈反〔行〕下孟反楚少宰如晉師。少宰官名曰寡君少遭閔凶。不能文。閔憂也聞二先君之出入此行也。二先君楚成王穆王將鄭是訓定。豈敢求罪于晉。二三子無淹久。淹留也隨季對曰昔平王命我先君文侯曰與鄭夾輔周室。毋廢王命。今鄭不率。率遵也寡君使羣臣問諸鄭。豈敢辱候人。候人謂伺候望敵者○〔伺〕音司一息嗣反敢拜君命之辱。彘子以爲諂。使趙括從而更之曰。行人失辭。言誤對寡君使羣臣遷大國之迹於鄭。遷徙也曰無辟敵羣臣無所逃命。楚子又使求成于晉。晉人許之。盟有日矣有期日。楚許伯御樂伯，攝叔爲右，以致晉師。單車挑戰，又示不欲崇和，以疑晉之羣帥。○（單）音丹。（挑）徒了反。許伯曰：吾聞致師者，御靡旌摩壘而還。靡旌，驅疾也。摩，近也。○（摩）末多反。（壘）力軌反。樂伯曰：吾聞致師者，左射以菆，左，車左也。菆，矢之善者。○（射）食亦反。下同。（菆）側留反。代御執轡，御下兩馬，掉鞅而還。兩，飾也。掉，正也。示閑暇。○（兩）力掌反。或音亮。（掉）徒弔反。又乃較反。（鞅）於丈反。攝叔曰：吾聞致師者，右入壘，折馘，折馘，斷耳。○（折）之設反。（馘）古獲反。（斷）音短。執俘而還。皆行其所聞而復。晉人逐之，左右角之。張兩角，從旁夾攻之。樂伯左射馬而右射人，角不能進。矢一而已。麋興於前，射麋麗龜。麗，著也。龜，背之隆高當心者。○（麋）亡悲反。（著）直略反。晉鮑癸當其後，使攝叔奉麋獻焉，曰：以歲之非時，獻

禽之未至敢膳諸從者鮑癸止之曰其左善射其右
有辭君子也既免(止不復逐)晉魏錡求公族未得(錡魏犨子欲爲
公族大夫○錡魚綺反犨尺周反)而怒欲敗晉師請致師弗許請使
許之遂往請戰而還楚潘黨逐之及熒澤見六麋射
一麋以顧獻曰子有軍事獸人無乃不給於鮮敢獻
於從者(熒澤在熒陽縣東新殺爲鮮見六得一言其不如楚○敗必邁反又如字射食亦反)叔
黨命去之(叔黨潘黨潘尪之子)趙旃求卿未得(旃趙穿子)且怒於失
楚之致師者請挑戰弗許請召盟許之與魏錡皆命
而往郤獻子曰二憾往矣(獻子郤克)弗備必敗彘子曰鄭
人勸戰弗敢從也楚人求成弗能好也師無成命多

備何爲士季曰備之善若二子怒楚楚人乘我喪師無日矣［乘猶登也］不如備之楚之無惡除備而盟何損於好若以惡來有備不敗且雖諸侯相見軍衞不徹警也［徹去也］彘子不可［不肯設備］士季使鞏朔韓穿帥七覆于敖前［帥將也覆爲伏兵七處○〔覆〕扶又反〔將〕如字］故上軍不敗趙嬰齊使其徒先具舟于河故敗而先濟潘黨既逐魏錡［言魏錡見逐而退］趙旃夜至於楚軍［二人雖俱受命而行不相隨趙旃在後至］席於軍門之外使其徒入之［布席坐示無所畏也］楚子爲乘廣三十乘分爲左右右廣雞鳴而駕日中而說［說舍也○〔說〕舒銳反下同］左則受之日入而說許偃御右廣養由基爲右彭名御

左廣屈蕩爲右（楚王更迭載之故各有御右。○〔屈〕居勿反。）乙卯王乘左廣以逐趙旃趙旃弃車而走林屈蕩搏之得其甲裳（下曰裳。○〔搏〕音博。）晉人懼二子之怒楚師也使軘車逆之（軘車兵車名。○〔軘〕徒温反。）潘黨望其塵使騁而告曰晉師至矣楚人亦懼王之入晉軍也遂出陳孫叔曰進之寧我薄人無人薄我詩云元戎十乘以先啓行先人也（元戎戎車在前也。詩小雅。言王者軍行必有戎車十乘在前開道先人爲備。○〔騁〕勑景反。〔陳〕直覲反。〔先〕人去聲。下同。）軍志曰先人有奪人之心薄之也（奪敵戰心。）遂疾進師車馳卒奔乘晉軍桓子不知所爲鼓於軍中曰先濟者有賞中軍下軍爭舟舟中之指可掬也（兩手曰掬。）晉師右移上軍未動。〔言餘軍皆移去。惟上軍在。經所以書戰。言猶有陳。〕工尹齊將右拒卒。以逐下軍。〔工尹齊。楚大夫。右拒。陳名。○〔拒〕音矩。下同。〕楚子使唐狡與蔡鳩居告唐惠侯曰。〔二子。楚大夫。唐。屬楚之小國。義陽安昌縣東南有上唐鄉。○〔狡〕古卯反。〕曰。不穀不德而貪。以遇大敵。不穀之罪也。然楚不克。君之羞也。敢藉君靈。以濟楚師。〔藉猶假借也。〕使潘黨率游闕四十乘。〔游車補闕者。〕從唐侯以爲左拒。以從上軍。駒伯曰。待諸乎。〔駒伯。郤克。上軍佐也。〕隨季曰。楚師方壯。若萃於我。吾師必盡。〔萃。集也。〕不如收而去之。分謗生民。不亦可乎。〔同奔爲分謗。不戰爲生民。〕殿其卒而退。不敗。〔以其所將卒爲軍後殿。○〔殿〕多練反。〕王見右廣將從之乘。屈蕩戶之曰。君以此始。亦必以終。〔戶。止。軍中

易乘則恐軍人惑。自是楚之乘廣先左。以乘左得勝故。晉人或以廣
隊不能進。廣兵車。○〔隊〕直類反。楚人惎之脫扃。惎教也。扃車上兵蘭。○〔惎〕其器
反。〔扃〕古熒反。服云扃橫木校輪間。一曰車前橫木。西京賦云旗不脫扃。薛綜云扃所以止旗也。少進。
馬還又惎之拔旆投衡乃出。還便旋不進。旆大旗也。拔旗投衡上使不帆風
差輕。○〔帆〕凡劍反。本作〔帊〕音帕。顧曰吾不如大國之數奔也趙旃以
其良馬二濟其兄與叔父以他馬反遇敵不能去棄
車而走林逢大夫與其二子乘。逢氏。○〔數〕音朔。〔逢〕音龐。蜀本作逢。謂
其二子無顧。不欲見趙旃。顧曰趙傁在後。傁老稱也。○〔傁〕音叟。怒之。
使下指木曰尸女於是授趙旃綏以免明日以表尸
之。表所指木取其尸。○〔女〕音汝。皆重獲在木下。兄弟累尸而死。○〔重〕平聲。楚熊

負羈因知罃。知莊子以其族反之。負羈、楚大夫。知罃、知莊子之子。族、家兵。反、還。戰。○〔罃〕於耕反。〔還〕音環。廚武子御。武子、魏錡。下軍之士多從之。知莊子下軍大夫故。每射抽矢菆納諸廚子之房。抽、擢也。菆、好箭。房、箭舍。○〔射〕食夜反。又食亦反。〔菆〕側留反。廚子怒曰。非子之求而蒲之愛。蒲、楊柳。可以爲箭。董澤之蒲。可勝既乎。董澤、澤名。河東聞喜縣東北有董池陂。既、盡也。○〔勝〕音升。知季曰。不以人子。吾子其可得乎。吾不可以苟射故也。射連尹襄老。獲之。遂載其尸。射公子穀臣。因之。以二者還。穀臣、楚王子。○〔射〕食亦反。及昏。楚師軍於邲。晉之餘師不能軍。不能成營屯。宵濟。亦終夜有聲。言其兵衆。將不能用。○〔將〕子匠反。丙辰。楚重至於邲。重、輜重也。○〔重〕直勇反。又直用反。〔輜〕則其反。遂次于衡雍。

潘黨曰君盍築武軍築軍營以彰武功○[雍]於用反而收晉尸以爲京觀積尸封土其上謂之京觀○[觀]古亂反下京觀同臣聞克敵必示子孫以無忘武功楚子曰非爾所知也夫文止戈爲武文字武王克商作頌曰載戢干戈載櫜弓矢戢藏也櫜韜也詩美武王能誅滅暴亂而息兵○[戢]側立反[櫜]古刀反○我求懿德肆于時夏允王保之肆遂也夏大也言武王既息兵又能求美德故遂大而信王保天下○[夏]戶雅反又作武其卒章曰耆定爾功武頌篇名耆致也言武王誅討致定其功○[耆]音旨其三曰鋪時繹思我徂惟求定其三三篇鋪布也繹陳也時是也思辭也頌美武王能布政陳教使天下歸往求安定其六曰綏萬邦屢豐年其六六篇綏安也屢數也言武王既安天下數致豐年此三六之數與今詩頌篇次不同蓋楚樂歌之次第夫武禁

暴戢兵保大定功安民和衆豐財者也（此武七德）故使子孫無忘其章（著之篇章使子孫不忘）今我使二國暴骨暴矣觀兵以威諸侯兵不戢矣暴而不戢安能保大猶有晉在焉得定功所違民欲猶多民何安焉無德而強爭諸侯何以和衆利人之幾（幾危也○[暴]蒲卜反[焉]得於虔反[强]其丈反）而安人之亂以爲己榮何以豐財（兵動則年荒）武有七德我無一焉何以示子孫其爲先君宮告成事而已（祀先君告戰勝）武非吾功也古者明王伐不敬取其鯨鯢而封之以爲大戮於是乎有京觀以懲淫慝（鯨鯢大魚名以喻不義之人吞食小國○[鯨]其京反[鯢]五兮反）今罪無所（晉罪無所犯也）而民皆盡忠以死

君命。又可以爲京觀乎。祀于河。作先君宮。告成事而還。傳言楚莊有禮。所以遂興。是役也。鄭石制實入楚師。將以分鄭而立公子魚臣。辛未。鄭殺僕叔及子服。僕叔。魚臣也。子服。石制也。君子曰。史佚所謂毋怙亂者。謂是類也。言恃人之亂以要利。○〔佚〕音逸。〔怙〕音戶。〔要〕平聲。詩曰。亂離瘼矣。爰其適歸。詩小雅。離。憂也。瘼。病也。爰。於也。言禍亂憂病。於何所歸乎。數之。○〔瘼〕音莫。歸於怙亂者也夫。恃亂則禍歸之。○〔夫〕音扶。

鄭伯許男如楚。爲十四年晉伐鄭傳。秋。晉師歸。桓子請死。晉侯欲許之。士貞子諫曰。不可。貞子。士渥濁。○〔渥〕於角反。城濮之役。晉師三日穀。在僖二十八年。文公猶有憂色。左右曰。有喜而憂。如有憂而喜乎。言憂喜失時。公曰。得臣猶在。憂未歇也。歇。盡。

也。○[歇]許蝎反。困獸猶鬬。況國相乎。及楚殺子玉。子玉，得臣。公喜
而後可知也。喜見於顏色。○[見]賢遍反。曰莫余毒也已。是晉再克
而楚再敗也。楚是以再世不競。成王、穆王。今天或者大
警晉也。警，戒也。而又殺林父以重楚勝。其無乃久不競
乎。林父之事君也。進思盡忠。退思補過。社稷之衛也。
若之何殺之。夫其敗也。如日月之食焉。何損於明。晉
侯使復其位。言晉景所以不失霸。○[重]直用反。冬。楚子伐蕭。宋華椒
以蔡人救蕭。蕭人囚熊相宜僚及公子丙。王曰。勿殺
吾退。蕭人殺之。王怒。遂圍蕭。蕭潰。申公巫臣曰。師人
多寒。王巡三軍。拊而勉之。拊，撫慰勉之。○[潰]戶內反。[拊]芳甫反。三軍之

士。皆如挾纊。纊綿也言說以忘寒○〔挾〕戶牒反〔纊〕音曠遂傅於蕭。還無社

與司馬卯言。號申叔展。還無社蕭大夫司馬卯申叔展皆楚大夫也無社素識叔

展故因卯呼之○〔傅〕音附〔還〕音旋〔號〕戶到反一戶刀反叔展曰。有麥麴乎。曰。無。

有山鞠窮乎。曰。無。麥麴鞠窮所以禦濕欲使無社逃泥水中無社不解故曰無軍中不

敢正言故謬語○〔麴〕去六反〔鞠〕起弓反河魚腹疾柰何。叔展言無禦濕藥將病曰。

目於眢井而拯之。無社意解欲入井故使叔展視虛廢井而求拯己出溺爲拯○〔眢〕烏

丸反廢井也字林云井無水也若爲茅絰。哭井則已。叔展又教結茅以表井須哭乃

應以爲信○〔絰〕直結反〔已〕音紀舊音以明日蕭潰。申叔視其井。則茅絰

存焉。號而出之。號哭也傳言蕭人無守心○〔號〕戶刀反晉原縠。宋華椒。

衞孔達。曹人。同盟于清丘。原縠先縠曰。恤病討貳。於是卿

不書不實其言也。宋伐陳衛救之不討貳也。楚伐宋晉不救不恤病也。宋爲盟故伐陳。陳貳於楚故。衛人救之孔達曰先君有約言焉若大國討我則死之。衛成公與陳共公有舊好故孔達欲背盟救陳而以死謝晉爲十四年衛殺孔達傳。○[約]於妙反。又如字。

經十有三年春齊師伐莒夏楚子伐宋秋螽無傳。爲災故書。

冬晉殺其大夫先穀書名。以罪討。

傳十三年春齊師伐莒莒恃晉而不事齊故也夏楚子伐宋以其救蕭也救蕭在前年。君子曰淸丘之盟唯宋可以免焉宋討陳之貳。今宋見伐。晉衛不顧盟以恤宋。而經同貶宋大夫。傳嫌華椒之罪。累及其國。故曰。唯宋可以免。秋赤狄伐晉及淸先穀召之也邲戰不得志故召狄欲爲變清一名清原冬晉人討邲之敗與清之師歸罪於先穀而殺之盡滅其族君子曰惡之來也己則取之其先穀之謂乎盡滅其族爲誅已甚故曰惡之來也清丘之盟晉以衛之救陳也討焉尋清丘之盟以責衛使人弗去曰罪無所歸將加而師孔達曰苟利社稷請以我說欲自殺以說晉○[說]如字又音悅以[說]音悅又如字罪我之由我則爲政而亢大國之討將以誰任亢禦也謂禦宋討陳也○[任]音壬我則死之爲明年殺孔達傳

經十有四年春衛殺其大夫孔達書名背盟于大國罪之夏五月壬申曹伯壽卒無傳文十四年盟新城晉侯伐鄭秋九月楚子圍宋葬曹文公無傳冬公孫歸父會齊侯于穀

傳十四年春孔達縊而死衛人以說于晉而免（以殺告。故免于伐。○〔縊〕一賜反。）遂告于諸侯曰寡君有不令之臣達構我敝邑于大國既伏其罪矣敢告（諸殺大夫亦皆告。）衛人以爲成勞復室其子（以有平國之功。故以女妻之。○〔復〕扶又反。）使復其位（襲父祿位。）

夏晉侯伐鄭爲郯故也（晉敗於郯。鄭遂屬楚。）告於諸侯蒐焉而還（蒐。簡閱車馬。○〔蒐〕所留反。）中行桓子之謀也曰示之以整使謀而來鄭人懼使子張代子良于楚（十二年子良質於楚。子張。穆公孫。○〔行〕音杭。〔質〕音致。）鄭伯如楚謀晉故也鄭以子良爲有禮故召之（有讓國之禮。）

楚子使申舟聘于齊曰無假道于宋（申舟。無畏。）亦使公子馮聘于晉不假道于鄭申舟以孟諸之役惡宋。文十年。楚子田孟諸。無畏抶宋公僕。○[馮]皮冰反。[惡]去聲。[抶]勑乙反。曰鄭昭宋聾。昭明也。聾闇也。晉使不害。我則必死。王曰。殺女。我伐之。見犀而行。犀申舟子。以子託王。示必死。○[使]所吏反。及宋。宋人止之。華元曰。過我而不假道。鄙我也。鄙我亡也。以我比其邊鄙。是與亡國同。○[過]如字。又平聲。殺其使者。必伐我。伐我亦亡也。亡一也。乃殺之。楚子聞之。投袂而起。投振也。袂袖也。屨及於窒皇。窒皇。寢門闕。○[窒]直結反。劍及於寢門之外。車及於蒲胥之市。秋九月。楚子圍宋。冬公孫歸父會齊侯于穀。見晏桓子。與之言魯樂。桓子告高宣子。桓子晏嬰父。宣子高固。○[樂]音洛。曰。子家其亡乎。懷於魯矣。子家歸父字。懷思也。懷必貪。貪必謀人。謀人人亦謀己。

一國謀之何以不亡爲十八年歸父奔齊傳孟獻子言於公曰臣聞小國之免於大國也聘而獻物物皮幣玉帛也於是有庭實旅百主人亦設籩豆百品實於庭以荅賓朝而獻功獻其治國若征伐之功於牧伯於是有容貌采章嘉淑而有加貨容貌威儀容顏也采章車服文章也嘉淑令辭稱讚也加貨命宥幣帛也言往共則來報亦備謀其不免也誅而薦賄則無及也薦進也見責而往則不足解罪今楚在宋君其圖之公說爲明年歸父會楚子傳

經十有五年春公孫歸父會楚子于宋夏五月宋人及楚人平平者總言二國和故不書其人六月癸卯晉師滅赤狄潞氏以潞子嬰兒歸潞赤狄之別種潞氏國故稱氏子爵也林父稱師從告秦人

伐晉。無傳。王札子殺召伯毛伯。稱殺者名兩下相殺之辭兩下相殺則殺者有罪。王札子。王子札也。蓋經文倒札字。○[札]側八反[召]上照反。秋螽。無傳。仲孫蔑會齊高固于無婁。無傳。無婁杞邑。初稅畝。公田之法。十取其一。今又履其餘畝。復十收其一。故哀公曰。二吾猶不足。遂以爲常。故曰初。冬蝝生。螽子以冬生。遇寒而死。故不成螽。○[蝝]悅全反。字林尹絹反。饑。風雨不和。五稼不豐。

傳十五年春。公孫歸父會楚子于宋。終前年傳。宋人使樂嬰齊告急于晉。晉侯欲救之。伯宗曰。不可。伯宗。晉大夫。古人有言曰。雖鞭之長。不及馬腹。言非所擊。天方授楚。未可與爭。雖晉之彊。能違天乎。諺曰。高下在心。度時制宜。川澤納汙。受汙濁。○[汙]音烏。山藪藏疾。山之有林藪。毒害者居之。瑾瑜匿瑕。匿亦藏也。雖美玉之質，亦或居藏瑕穢。○瑾，其靳反。瑜，羊朱反。國君含垢，忍垢恥。天之道也。晉侯恥不救宋，故伯宗爲說小惡不損大德之喻。君其待之。待楚衰。乃止。使解揚如宋，使無降楚，曰：晉師悉起，將至矣。鄭人囚而獻諸楚。楚子厚賂之，使反其言。反言晉不救。不許。三而許之。登諸樓車，使呼宋人而告之。樓車，車上望櫓。遂致其君命。楚子將殺之，使與之言曰：爾既許不穀而反之，何故？非我無信，女則弃之，速卽爾刑。對曰：臣聞之，君能制命爲義，臣能承命爲信，信載義而行之爲利。謀不失利，以衞社稷，民之主也。義無二信，欲爲義者，不行兩信。信無二命。欲行信者，不受二命。君之賂臣，不知命也。受命以出，有死無霣（霣廢隊也〔霣〕于敏反）○又可賂乎臣之許君以成命也（成其君命）死而成命臣之祿也寡君有信臣（己不廢命）下臣獲考（考成也）死又何求楚子舍之以歸夏五月楚師將去宋（在宋積九月不能服宋故）申犀稽首於王之馬前曰毋畏知死而不敢廢王命王弃言焉王不能荅（未服宋而去故曰弃言）申叔時僕（僕御也）曰築室反耕者宋必聽命從之（築室於宋分兵歸田示無去志王從其言）宋人懼使華元夜入楚師登子反之牀起之曰寡君使元以病告（兵法因其鄉人而用之必先知其守將左右謁者門者舍人之姓名因而利道之華元蓋用此術得以自通）曰敝邑易子而食析骸以爨（爨炊也○〔析〕思歷反〔骸〕戶皆反）雖然城下之盟有以國斃不能從也

寧以國斃。不從城下盟。去我三十里。唯命是聽。子反懼。與之盟。而告王。退三十里。宋及楚平。華元爲質。盟曰。我無爾詐。爾無我虞。楚不詐宋。宋不備楚。盟不書。不告。○[質]音致。潞子嬰兒之夫人。晉景公之姊也。酆舒爲政而殺之。又傷潞子之目。酆舒。潞相。晉侯將伐之。諸大夫皆曰。不可。酆舒有三儁才。儁。絕異也。言有才藝勝人者三。○[儁]音俊。不如待後之人。伯宗曰。必伐之。狄有五罪。儁才雖多。何補焉。不祀。一也。耆酒。二也。弃仲章而奪黎氏地。三也。仲章。潞賢人也。黎氏。黎侯國。上黨壺關縣有黎亭。○[耆]市志反。虐我伯姬。四也。傷其君目。五也。怙其儁才。而不以茂德。茲益罪也。後之人或者將敬奉德義。以事神人。

而申固其命（審其政令）若之何待之不討有罪曰將待後後有辭而討焉毋乃不可乎夫恃才與衆亡之道也商紂由之故滅（由用也）天反時爲災（寒暑易節）地反物爲妖（羣物失性）民反德爲亂亂則妖災生故文反正爲乏（文字）盡在狄矣晉侯從之六月癸卯晉荀林父敗赤狄于曲梁辛亥滅潞（曲梁今廣平曲梁縣也書癸卯從赴）酆舒奔衛衛人歸諸晉晉人殺之王孫蘇與召氏毛氏爭政（三人皆王卿士）使王子捷殺召戴公及毛伯衛（王子捷王札子）卒立召襄（襄召戴公之子）秋七月秦桓公伐晉次于輔氏（晉地）壬午晉侯治兵于稷以略狄土（略取也稷晉地河東聞喜縣西有稷山壬午七月二十九日晉時新破狄）

土地未安。權秦師之弱。故別遣魏顆距秦。而東行定狄地。立黎侯而還。狄奪其地。故晉復立之。及雒。魏顆敗秦師于輔氏。晉侯還及雒也。雒。晉地。獲杜回。秦之力人也。初。魏武子有嬖妾無子。武子疾。命顆曰。必嫁是。武子。魏犨。顆之父。疾病則曰。必以爲殉。及卒。顆嫁之。曰。疾病則亂。吾從其治也。及輔氏之役。顆見老人結草以亢杜回。亢。禦也。杜回躓而顛。故獲之。夜夢之曰。余而所嫁婦人之父也。而。女也。○躓。陟吏反。又丁四反。爾用先人之治命。余是以報。傳舉此以示教。晉侯賞桓子狄臣千室。千家。亦賞士伯以瓜衍之縣。士伯。士貞子。曰。吾獲狄土。子之功也。微子吾喪伯氏矣。伯。桓子字。郯之敗。晉侯將殺林父。士伯諫而止。羊舌職說是賞也。職叔向父。○〔說〕音悅。曰周書所謂庸庸祗祗者謂此物也夫。周書康誥。庸用也。祗敬也。物事也。言文王能用可用。敬可敬。士伯庸中行伯言中行伯可用。君信之亦庸士伯此之謂明德矣。文王所以造周不是過也。故詩曰陳錫哉周能施也。錫賜也。詩大雅。言文王布陳大利以賜天下。故能載行周道。福流子孫。○〔施〕式豉反。率是道也其何不濟。晉侯使趙同獻狄俘于周不敬。劉康公曰不及十年原叔必有大咎。劉康公。王季子也。原叔。趙同也。天奪之魄矣。心之精爽是謂魂魄。爲成八年晉殺趙同傳。

初稅畝非禮也。穀出不過藉。周法。民耕百畝。公田十畝。借民力而治之。稅不過此。以豐財也。冬蝝生饑。幸之也。蝝未爲災而書之者。幸其冬生。不爲物害。時歲雖饑。猶喜而書之。

經十有六年春王正月晉人滅赤狄甲氏及留吁甲氏留吁赤狄別種晉既滅潞氏今又并盡其餘黨士會稱人從告夏成周宣榭火傳例曰人火之也成周洛陽宣榭講武屋別在洛陽者爾雅曰無室曰榭謂屋歇前秋郯伯姬來歸

冬大有年無傳○〔郯〕音談

傳十六年春晉士會帥師滅赤狄甲氏及留吁鐸辰鐸辰不書留吁之屬三月獻狄俘獻于王也晉侯請于王戊申以黻冕命士會將中軍且爲大傅代林父將中軍且加以大傅之官黻冕命卿之服大傅孤卿於是晉國之盜逃奔于秦羊舌職曰吾聞之禹稱善人稱舉也不善人遠此之謂也夫詩曰戰戰兢兢如臨深淵如履薄冰善人在上也言善人居位則無不戒懼○〔遠〕

于萬反。善人在上則國無幸民諺曰民之多幸國之不幸也是無善人之謂也夏成周宣榭火人火之也凡火人火曰火天火曰災秋郯伯姬來歸出也為毛召之難故王室復亂毛召難在前年。○為于僞反。王孫蘇奔晉晉人復之毛召之黨欲討蘇氏故出奔。冬晉侯使士會平王室定王享之原襄公相禮原襄公周大夫。相佐也。○相息亮反。殽烝烝升也。升殽於俎。武子私問其故享當體薦而殽烝故怪問之。武士會諡。季其字。王聞之召武子曰季氏而弗聞乎王享有體薦享則半解其體而薦之。所以示共儉。宴有折俎體解節折升之於俎物皆可食。所以示慈惠也。○折之設反。公當享卿當宴王室之禮也公謂諸侯。武子歸而講求典禮以脩晉國之法（傳言典禮之慶久。）

經十有七年。春。王正月。庚子。許男錫我卒。（無傳。再與文同盟。○〔錫〕星歷反。）丁未。蔡侯申卒。（無傳。未同盟而赴以名。丁未。三月四日。）夏。葬許昭公。（無傳。）葬蔡文公。（無傳。）六月。癸卯。日有食之。（無傳。不書朔。官失之。）己未。公會晉侯。衛侯。曹伯。邾子。同盟于斷道。（斷道。晉地。○〔斷〕直管反。又音短。）秋。公至自會。（無傳。）冬。十有一月。壬午。公弟叔肸卒。（傳例曰。公母弟。○〔肸〕許乙反。）

傳十七年。春。晉侯使郤克徵會于齊。（徵。召也。欲為斷道會。）齊頃公帷婦人使觀之。郤子登。婦人笑於房。（跛而登階。故笑之。○〔頃〕音傾。）獻子怒。出而誓曰。所不此報。無能涉河。（不復渡河而東。）獻子先歸使欒京廬待命于齊曰不得齊事無復命矣欒京廬郤克之介使得齊之罪乃復命〇〔廬〕音盧又音閭郤子至請伐齊晉侯弗許請以其私屬又弗許私屬家衆也為成二年戰于鞌傳〇〔鞌〕音安齊侯使高固晏弱蔡朝南郭偃會晏弱桓子〇〔朝〕如字及斂盂高固逃歸聞郤克怒故〇〔斂〕音廉又力漸反夏會于斷道討貳也盟于卷楚卷楚卽斷道〇〔卷〕音權又音捲辭齊人晉人執晏弱于野王執蔡朝于原執南郭偃于温執三子不書非卿野王縣今屬河內苗賁皇使見晏桓子賁皇楚鬬椒之子楚滅鬬氏而奔晉食邑于苗地晏弱時在野王故因使而見之〇〔賁〕扶云反〔使〕所吏反歸言於晉侯曰夫晏子何罪昔者諸侯事吾先君皆如不逮言汲汲也〇〔逮〕音代或大計反舉言羣臣不信諸

侯皆有貳志。舉亦皆也。齊君恐不得禮。不見禮待。故不出而使四子來。左右或沮之。沮止也。（沮）在呂反。曰君不出必執吾使。故高子及斂盂而逃。夫三子者曰若絕君好寧歸死焉。爲是犯難而來。吾若善逆彼。彼齊三人。以懷來者。吾又執之以信齊沮。吾不既過矣乎。過而不改而又久之。以成其悔。何利之有焉。使反者得辭。反者高固謂得不當來之辭。而害來者以懼諸侯。將焉用之。晉人緩之。逸。緩不拘執使得逃去也。傳言晉不能脩禮諸侯所以貳。秋八月晉師還。范武子將老。老致仕。初受隨故曰隨武子。後更受范復爲范武子。召文子曰燮乎。吾聞之喜怒以類者鮮。文子士會之子燮其名。○（燮）素協反。易者實多。易遷怒也。詩曰君子如怒亂庶遄沮君子如祉亂庶遄已詩小雅也遄速也沮止也祉福也○[遄]市專反君子之喜怒以已亂也弗已者必益之郤子其或者欲已亂於齊乎不然余懼其益之也余將老使郤子逞其志庶有豸乎豸解也欲使郤子從政快志以止亂○[豸]直是反或居牛反非爾從二三子唯敬二三子晉諸大夫乃請老郤獻子爲政冬公弟叔肸卒公母弟也凡大子之母弟公在曰公子不在曰弟以兄爲尊凡稱弟皆母弟也此策書之通例也庶弟不得稱公弟而母弟或稱公子若嘉好之事則仍舊史之文惟相殺害然後據例以示義所以篤親親之恩崇友于之好釋例論之備矣

經十有八年春晉侯衛世子臧伐齊公伐杞無傳夏四

月。秋。七月。邾人戕鄫子于鄫。傳例曰。自外曰戕。邾大夫就鄫殺鄫子。○戕〔戕〕在良反。又在精反。〔鄫〕才陵反。甲戌。楚子旅卒。未同盟而赴以名。吳楚之葬。僭而不典。故絕而不書。同之夷蠻。以懲求名之僞。公孫歸父如晉。冬。十月。壬戌。公薨于路寢。歸父還自晉。至笙。遂奔齊。大夫還不書。春秋之常也。今書歸父還奔善其能以禮退。不書族者。非常所及。今特書。略之。笙魯竟外。故不言出。○〔笙〕音生。又勅貞反。案後音是。依二傳文。

傳十八年。春。晉侯衞大子臧伐齊。至于陽穀。齊侯會晉侯。盟于繒。以公子彊爲質于晉。晉師還。蔡朝南郭偃逃歸。晉既與齊盟。守者解緩。故得逃。○〔繒〕才陵反。夏。公使如楚乞師。欲以伐齊。公不事齊。齊與晉盟。故懼而乞師于楚。不書。微者行。秋。邾人戕鄫子于鄆○凡自虐其君曰弒○自外曰戕○弒戕皆殺也所以別內外之名弒者積微而起所以相測量非一朝一夕之漸戕者卒暴之名楚莊王卒○楚師不出既而用晉師○成二年戰于鞌是楚於是乎有蜀之役○在成二年冬蜀魯地泰山博縣西北有蜀亭公孫歸父以襄仲之立公也有寵○歸父襄仲子欲去三桓以張公室○時三桓強公室弱故欲去之以張大公室○[去]起呂反[張]如字一陟亮反與公謀而聘于晉○欲以晉人去之○冬公薨○季文子言於朝曰○使我殺適立庶○以失大援者仲也○夫○適謂子惡齊外甥襄仲殺之而立宣公南通於楚既不能固又不能堅事齊晉故云失大援也○[適]丁歷反臧宣叔怒曰○當其時○不能治也○後之人○何罪○子欲去之○許請去之○宣叔文仲子武仲父許其名也時為司寇主行刑言子自以歸父害己欲去者

許請爲子去之遂逐東門氏襄仲居東門故曰東門氏子家還及笙子家歸父

壇帷復命於介除地爲壇而張帷介副也將去使介反命於君○〔壇〕音善既復

命祖括髮以麻約髮即位哭三踊而出依在國喪禮設哭位公薨故遂

奔齊書曰歸父還自晉善之也

春秋經傳集解宣公下第十一

春秋經傳集解成公上第十二

成公名黑肱，宣公子。謚法：安名立政曰成。

杜氏註　盡十年

經元年春王正月，公卽位。無傳　二月辛酉，葬我君宣公。無傳　無冰。無傳　周二月，今之十二月，而無冰，書冬溫。　三月，作丘甲。周禮九夫爲井，四井爲邑，四邑爲丘，丘十六井，出戎馬一匹，牛三頭。四丘爲甸，甸六十四井，出長轂一乘，戎馬四匹，牛十二頭，甲士三人，步卒七十二人。此甸所賦，今魯使丘出之，譏重斂，故書。○甸，繩證反。斂，力驗反。　夏，臧孫許及晉侯盟于赤棘。晉地　秋，王師敗績于茅戎。茅戎，戎別種，不言戰，王者至尊，天下莫之得校，故以自敗爲文，不書敗地而書茅戎，明爲茅戎所敗，書秋，從告。○茅，亡交反。　冬十月。

傳元年春晉侯使瑕嘉平戎于王平文十七年邥垂之役。詹嘉處瑕故謂之瑕嘉。○邥音審。單襄公如晉拜成單襄公王卿士。謝晉爲平戎。○單音善。爲于僞反。劉康公徼戎將遂伐之康公王季子也。戎平還欲要其無備。○徼古堯反。叔服曰背盟而欺大國此必敗叔服周內史。○背音佩。下同。背盟不祥欺大國不義神人弗助將何以勝不聽遂伐茅戎三月癸未敗績于徐吾氏徐吾氏茅戎之別也。爲齊難故作丘甲前年魯乞師於楚。欲以伐齊。楚師不出。故懼而作丘甲。○難乃旦反。下同。聞齊將出楚師夏盟于赤棘與晉盟懼齊楚。秋王人來告敗解經所以秋乃書。冬臧宣叔令脩賦繕完治完城郭。○繕市戰反。完和端反。具守備曰齊楚結好我新與晉盟晉楚爭盟齊師必至雖晉人伐齊。楚必救之。是齊楚同我也。同共也。〔守〕手又反。○知難而有備。乃可以逞。逞解也。爲二年齊侯伐我傳。○〔解〕音蟹。

經二年。春。齊侯伐我北鄙。夏四月。丙戌。衛孫良夫帥師及齊師戰于新築。衛師敗績。新築衛地。皆陳曰戰。大崩曰敗績。四月無丙戌。丙戌。五月一日。六月。癸酉。季孫行父。臧孫許。叔孫僑如。公孫嬰齊帥師會晉郤克。衛孫良夫。曹公子首及齊侯戰于鞌。齊師敗績。魯乞師於晉。而不以與謀之例者。從盟主之令。上行於下。非匹敵和成之類。例在宣七年。曹大夫常不書。而書公子首者。首命於國。備於禮。成爲卿。故也。鞌齊地。○〔郤〕去逆反〔鞌〕音安。秋七月。齊侯使國佐如師。己酉。及國佐盟于袁婁。穀梁曰。鞌去齊五百里。袁婁去齊五十里。八月。壬午。宋公鮑卒。未同盟而赴以名。○〔鮑〕步卯反。庚寅，衛侯速卒。宣十七年，盟于斷道。據傳，庚寅九月七日。取汶陽田。晉使齊還魯，故書取。不以好得，故不言歸。○〔好〕呼報反。冬，楚師、鄭師侵衛。子重不書，不親伐。十有一月，公會楚公子嬰齊于蜀。公與大夫會，不貶嬰齊者，時有許蔡之君故。丙申，公及楚人、秦人、宋人、陳人、衛人、鄭人、齊人、曹人、邾人、薛人、鄫人盟于蜀。齊在鄭下，非卿。傳曰：卿不書，匱盟也。然則楚卿於是始與中國準。自此以下，楚卿不書，皆貶惡也。

傳二年春，齊侯伐我北鄙，圍龍。龍，魯邑，在泰山博縣西南。頃公之嬖人盧蒲就魁門焉。攻龍門也。龍人囚之。齊侯曰：勿殺，吾與而盟，無入而封。封竟。弗聽，殺而膊諸城上。膊，磔也。○〔膊〕普各反。〔磔〕陟百反。齊侯親鼓，士陵城，三日，取龍，遂南侵，及巢丘。取龍侵巢丘不書。其義未聞。衛侯使孫良夫石稷甯相向禽將侵齊。與齊師遇。齊伐魯還。相遇於衛地。良夫、孫林父之父。石稷、石碏四世孫。甯相、甯俞子。○〔相〕息亮反。〔向〕舒亮反。石子欲還。孫子曰。不可。以師伐人。遇其師而還。將謂君何。言無以答君。若知不能。則如無出。今既遇矣。不如戰也。夏有。闕文。失新築戰事。石成子曰。師敗矣。子不少須。衆懼盡。成子、石稷也。衛師已敗。而孫良夫復欲戰。故成子欲使須救。子喪師徒。何以復命。皆不對。又曰。子國卿也。隕子。辱矣。隕、見禽獲。子以衆退。我此乃止。我於此止。禦齊師。且告車來甚衆。新築人救孫桓子。故止。告令軍中。齊師乃止。次于鞫居。鞫居、衛地。〔鞫〕居六反。○新築人仲叔于奚救孫桓子。桓子是以免。于奚、守新築大夫。既衛人賞之以邑。（賞于奚。）辭請曲縣（軒縣也。周禮，天子樂宮縣，四面；諸侯軒縣，闕南方。○縣音懸。）繁纓以朝，許之。（繁纓，馬飾，皆諸侯之服。○繁，步干反。）仲尼聞之曰：惜也，不如多與之邑。唯器與名，不可以假人。（器，車服。名，爵號。）君之所司也。名以出信，（名位不愆，爲民所信。）信以守器，（動不失信，則車服可保。）器以藏禮，（車服所以表尊卑。）禮以行義，（尊卑有禮，各得其宜。）義以生利，（得其宜，則利生。）利以平民，政之大節也。若以假人，與人政也。政亡則國家從之，弗可止也已。孫桓子還於新築，不入，（不入國。）遂如晉乞師。臧宣叔亦如晉乞師，皆主郤獻子。（宣十七年，郤克至齊，爲婦人所笑，遂怒，故魯、衞因之。孫桓子、臧宣叔皆不以國命，各自詣郤克，故不書。）晉侯許之七百乘。（五萬二千五百人。）郤子曰：此城濮之賦也。（城濮在僖二十八年。）有先君之明與先大夫之肅故捷。克於先大夫無能爲役。（不中爲之役使。）請八百乘許之。（六萬人。）郤克將中軍士燮佐上軍。（范文子代荀庚。）欒書將下軍。（代趙朔。）韓厥爲司馬以救魯衛。臧宣叔逆晉師且道之。季文子帥師會之。及衛地。韓獻子將斬人。郤獻子馳將救之。至則既斬之矣。郤子使速以徇。告其僕曰。吾以分謗也。（不欲使韓氏獨受謗。）師從齊師于莘。（莘，齊地。）六月壬申師至于靡笄之下。（靡笄，山名。○〔靡〕如字，又音摩。〔笄〕音雞。）齊侯使請戰曰。子以君師辱於敝邑。不腆敝賦。詰朝請見。（詰朝，平旦。○〔見〕賢遍反。）○對曰。晉與魯衛兄弟也。來告曰。大國朝夕釋憾於敝邑之地。大國謂齊敝邑魯衛自稱。寡君不忍使羣臣請於大國無令輿師淹於君地。輿衆也。淹久也。能進不能退。君無所辱命。言自欲戰。不復須君命。齊侯曰。大夫之許。寡人之願也。若其不許。亦將見也。齊高固入晉師。桀石以投人。桀擔也。〔擔〕丁甘反。○禽之而乘其車。既獲其人。因釋己車而載所獲者車。繫桑本焉以徇齊壘。將至齊壘。以桑樹繫車而走。欲自異。曰欲勇者賈余餘勇。賈買也。言己勇有餘。欲賣之。癸酉。師陳于鞌。邴夏御齊侯。逢丑父爲右。晉解張御郤克。鄭丘緩爲右。齊侯曰。余姑翦滅此而朝食。姑且也。翦盡也。○〔陳〕直覲反。〔邴〕音丙。〔解〕音蟹。不介馬而馳之。介甲也。郤克傷於矢。流血及屨。未絕鼓音。中軍將自執旗鼓。故雖傷而擊鼓不息。曰余病矣。張侯曰。自始合而矢貫余手及肘。余折以御。左輪朱殷。豈敢言病。吾子忍之。張侯解張也。朱。血色。血色久則殷。殷音近烟。今人謂赤黑爲殷色。言血多汙車輪。御猶不敢息。○（折）之設反。（殷）於閑反。又於辰反。（汙）音烏。又一故反。緩曰。自始合。苟有險。余必下推車。子豈識之。然子病矣。以其不識己推車。○（推）昌誰反。又他回反。張侯曰。師之耳目。在吾旗鼓。進退從之。此車一人殿之。可以集事。殿。鎮也。集。成也。○（殿）多練反。若之何其以病敗君之大事也。擐甲執兵。固卽死也。擐。貫也。卽。就也。○（擐）音患。病未及死。吾子勉之。左并轡。右援枹而鼓。馬逸不能止。師從之。晉師從郤克車。○（并）必政反。（援）音爰。（枹）音浮。鼓槌也。齊師敗績。逐之。三周華不注。華不注。山名。○（華）如字。又戶化反。韓厥夢子輿

謂己曰。且辟左右。子輿韓厥父。故中御而從齊侯。居中代御者。自

非元帥。御者皆在中。將在左。郤夏曰。射其御者。君子也。公曰。謂之

君子而射之。非禮也。齊侯不知戎禮。○〔射〕食亦反。下皆同。射其左。越于

車下。越隊也。○〔隊〕直類反。射其右。斃于車中。綦毋張喪車。從韓

厥曰。請寓乘。綦毋張。晉大夫。寓寄也。○〔毋〕音無。〔乘〕繩證反。從左右。皆肘之。

使立於後。以左右皆死。不欲使立其處。韓厥俛定其右。俛俯也。右被射仆車

中。故俯安隱之。○〔俛〕音勉。逢丑父與公易位。居公處。將及華泉。驂絓

於木而止。驂。馬絓也。○〔華〕戶化反。〔絓〕戶卦反。一音卦。丑父寢於轏中。轏。士車。○

〔轏〕仕產反。又仕諫反。臥車也。蛇出於其下。以肱擊之。傷而匿之。故

不能推車而及。為韓厥所及。丑父欲為右。故匿其傷。韓厥執縶馬前。縶馬

絆也。執之示脩臣僕之職。○〔縶〕張立反。〔絆〕音半。再拜稽首奉觴加璧以進。進觴璧亦以示敬。曰寡君使羣臣爲魯衛請。曰無令輿師陷入君地。本但爲二國救請。不欲乃過入君地。謙辭。○〔爲〕于僞反。下臣不幸屬當戎行無所逃隱。屬。適也。○〔屬〕音燭。〔行〕下郞反。且懼奔辟而忝兩君臣辱戎士。若奔辟則爲辱晉君。并爲齊侯羞。故言二君。此蓋韓厥自處臣僕。謙敬之飾言。○〔辟〕音避。敢告不敏攝官承乏。言欲以己不敏攝承空乏。從君俱還。丑父使公下如華泉取飲。鄭周父御佐車。宛茷爲右。載齊侯以免。佐車。副車。○〔宛〕紆元反。〔茷〕扶廢反。韓厥獻丑父。郤獻子將戮之。呼曰。自今無有代其君任患者。有一於此。將爲戮乎。郤子曰。人不難以死免其君。我戮之不祥。赦之以勸事君者乃免之齊侯免求丑父三入三出重其代己故三入晉軍求之○三〔呼〕火故反〔任〕音壬〔難〕乃旦反每出齊師以帥退入于狄卒齊師大敗皆有退心故齊侯輕出其衆以帥厲退者遂迸入狄卒狄卒者狄人從晉討齊者○〔輕〕遣政反〔迸〕補諍反狄卒皆抽戈楯冒之以入于衛師衛師免之狄衛畏齊之強故不敢害齊侯皆共免護之○〔楯〕食準反又音允遂自徐關入齊侯見保者曰勉之齊師敗矣所過城邑皆勉勵其守者辟女子使辟君也齊侯單還故婦人不辟之○〔辟〕音避女子曰君免乎曰免矣曰銳司徒免乎曰免矣銳司徒主銳兵者○〔銳〕悅歲反曰苟君與吾父免矣可若何言餘人不可復如何乃奔走辟君齊侯以爲有禮先問君後問父故也既而問之辟司徒之妻也辟司徒主壘壁者○〔辟〕音壁予之石窌石窌邑名濟北盧縣

京有地名石窌○[窌]力救反一力到反晉師從齊師入自丘輿擊馬陘丘輿馬陘皆齊邑○[陘]音刑齊侯使賓媚人賂以紀甗玉磬與地媚人國佐也甗玉甑皆滅紀所得○[甗]魚輦反又音彥又音言[甑]子孕反不可則聽客之所爲賓媚人致賂晉人不可曰必以蕭同叔子爲質同叔蕭君之字齊侯外祖父子女也難斥言其母故遠言之○[質]音致下同[難]乃旦反而使齊之封內盡東其畝使壟畝東西行○[盡]津忍反[行]戶郎反又如字對曰蕭同叔子非他寡君之母也若以匹敵則亦晉君之母也吾子布大命於諸侯而曰必質其母以爲信其若王命何言違王命且是以不孝令也詩曰孝子不匱永錫爾類詩大雅言孝心不乏者又能以孝道長賜其志類若以不孝令於諸侯其

無乃非德類也乎。（不以孝德賜同類）先王疆理天下。物土之宜而布其利。（疆界也理正也物土之宜播殖之物各從土宜）故詩曰我疆我理。南東其畝。（詩小雅或南或東從其土宜）今吾子疆理諸侯而曰盡東其畝而已。唯吾子戎車是利。（晉之伐齊循壟東行易）無顧土宜。其無乃非先王之命也乎。反先王則不義。何以爲盟主。其晉實有闕。（闕失）四王之王也。（禹湯文武○之王于況反）樹德而濟同欲焉。（樹立也濟成也）五伯之霸也。（夏伯昆吾商伯大彭豕韋周伯齊桓晉文○或曰桓文宋襄秦穆楚莊）勤而撫之以役王命。（役事也）今吾子求合諸侯。以逞無疆之欲。（疆竟也）詩曰布政優優。百祿是遒。（詩頌殷湯布政優和故百祿來聚遒聚也）子實不優而弃百祿。諸侯何害焉。言不能爲諸侯害。不然。不見許。寡君之命使臣則有辭矣。曰子以君師辱於敝邑。不腆敝賦。以犒從者。戰而曰犒。爲孫辭。○〔使〕所吏反。〔從〕才用反。畏君之震。師徒橈敗。震，動也。橈，曲也。○〔橈〕乃教反。吾子惠徼齊國之福。不泯其社稷。使繼舊好。唯是先君之敝器土地不敢愛。子又不許。請收合餘燼。燼，火餘木。○〔燼〕似刃反。背城借一。欲於城下復借一戰。○〔背〕音佩。敝邑之幸。亦云從也。況其不幸。敢不唯命是聽。言完全之時尚不敢違晉。今若不幸則從命。魯衛諫曰。齊疾我矣。諫郤克也。其死亡者。皆親暱也。子若不許。讎我必甚。唯子則又何求。子得其國寶。謂甗磬。○〔暱〕女乙反。我亦得地。齊歸所侵。而紓於難。齊服則難緩。○〔紓〕音舒。〔難〕乃旦反。其榮多矣。齊晉亦唯天所授。豈必晉。晉人許之。對曰。羣臣帥賦輿。賦輿猶兵車以爲魯衞請。若苟有以藉口而復於寡君。藉薦。復白也。○〔爲〕于僞反。〔藉〕在夜反君之惠也。敢不唯命是聽。禽鄭自師逆公。禽鄭。魯大夫。歸逆公會晉師秋七月。晉師及齊國佐盟于爰婁。使齊人歸我汶陽之田。公會晉師于上鄍。上鄍。地闕。公會晉師不書。史闕賜三帥先路三命之服。三帥。郤克。士燮。欒書。已嘗受王先路之賜。今改而易新。并此車所建所服之物司馬司空輿帥候正亞旅皆受一命之服。晉司馬司空皆大夫。輿帥主兵車。候正主斥候。亞旅亦大夫也。皆魯侯賜

八月。宋文公卒。始厚葬。用蜃炭。益車馬。始用殉。燒蛤爲炭以瘞壙。多埋車馬。用人從葬。○〔蜃〕市忍反重器備。重猶多也。○〔重〕直恭反椁有四阿。

棺有翰檜四阿四注椁也翰旁飾檜上飾皆王禮○[翰]戶旦反一音韓[檜]古外反又音會君子謂華元樂舉於是乎不臣臣治煩去惑者也是以伏死而爭今二子者君生則縱其惑謂文十八年殺母弟須○[去]起呂反死又益其侈是棄君於惡也何臣之爲若言何用爲臣九月衛穆公卒晉三子自役弔焉哭於大門之外師還過衛故因弔之未復命故不敢成禮衛人逆之逆於門外設喪位婦人哭於門內喪位婦人哭於堂賓在門外故移在門內送亦如之遂常以葬至葬行此禮楚之討陳夏氏也在宣十一年莊王欲納夏姬申公巫臣曰不可君召諸侯以討罪也今納夏姬貪其色也貪色爲淫淫爲大罰周書曰明德慎罰周書康誥文王所以造

周也。明德務崇之之謂也。慎罰務去之之謂也。若興諸侯以取大罰。非慎之也。君其圖之。王乃止。子反欲取之。巫臣曰。是不祥人也。是夭子蠻。（子蠻。鄭靈公。夏姬之兄。殺死無後。○〔殺〕申志反。下殺靈侯同。）殺御叔。（御叔。夏姬之夫。亦早死。）弒靈侯。（陳靈公也。）戮夏南。（夏姬子徵舒。）出孔儀。（孔寧。儀行父。）喪陳國。（楚滅陳。○〔喪〕息浪反。）何不祥如是。人生實難。其有不獲死乎。（言死易得。無爲取夏姬以速之。）天下多美婦人。何必是。子反乃止。王以予連尹襄老。襄老死於邲。不獲其尸。（邲戰在宣十二年。）其子黑要烝焉。（黑要。襄老子。○〔要〕一遙反。）巫臣使道焉曰。歸吾聘女。（道夏姬使歸鄭。○〔女〕音汝。）又使自鄭召之曰。尸可得也。（襄老尸。）必來逆之。姬以告王。王問諸屈巫。（屈巫，巫臣。○〔屈〕居勿反。）對曰：其信知罃之父成公之嬖也，而中行伯之季弟也。（知罃父，荀首也。中行伯，荀林父也。邲之戰，楚人囚知罃。○〔知〕音智。〔罃〕於耕反。）新佐中軍，而善鄭皇戌，甚愛此子。（愛知罃也。）其必因鄭而歸王子與襄老之尸以求之。（王子，楚公子穀臣也。邲之戰，荀首囚之。）鄭人懼於邲之役，而欲求媚於晉，其必許之。王遣夏姬歸。將行，謂送者曰：不得尸，吾不反矣。巫臣聘諸鄭，鄭伯許之。（聘夏姬。）及共王卽位，將爲陽橋之役，（楚伐魯至陽橋，在此年冬。○〔共〕音恭。）使屈巫聘于齊，且告師期。巫臣盡室以行。（室家盡去。）申叔跪從其父，將適郢，遇之。（叔跪，申叔時之子。○〔從〕才用反。〔郢〕以井反。）曰：異哉！夫子有三軍之懼，而又有桑中之喜宜將竊妻以逃者也（桑中衛風淫奔之詩）及鄭使介反幣而以夏姬行（介副也幣聘物）將奔齊齊師新敗曰吾不處不勝之國遂奔晉而因郤至（至郤克族子）以臣於晉晉人使爲邢大夫（邢晉邑）子反請以重幣錮之（禁錮勿令仕○錮音固）王曰止其自爲謀也則過矣其爲吾先君謀也則忠忠社稷之固也所蓋多矣（蓋覆也○自爲于僞反又如字爲吾于僞反）且彼若能利國家雖重幣晉將可乎（言不許）若無益於晉晉將弃之何勞錮焉（爲七年楚滅巫臣族晉南通吳張本）晉師歸范文子後入武子曰無爲吾望爾也乎（武子士會文子之父）對曰師有功國人喜以逆之先入必屬耳目焉是代帥受名也

故不敢武子曰吾知免矣知其不益己禍〇[屬]章欲反郤伯見公

公曰子之力也夫對曰君之訓也二三子之力也臣何

力之有焉郤伯郤克〇[見]賢遍反范叔見勞之如郤伯對曰庚

所命也克之制也燮何力之有焉荀庚將上軍時不出范文子上軍佐

代行故稱帥以讓〇[勞]力報反欒伯見公亦如之對曰燮之詔也士

用命也書何力之有焉詔告也欒書下軍帥故推功上軍傳言晉將帥克讓所以

能勝齊宣公使求好于楚莊王卒宣公薨不克作好在宣十八年

公即位受盟于晉元年盟赤棘會晉伐齊衛人不行

使于楚不聘楚而亦受盟于晉從於伐齊故楚令尹子

重爲陽橋之役以救齊將起師子重曰君弱傳曰寡人生十

年而喪先君共王即位至是三年蓋年十二三矣羣臣不如先大夫師衆而後可詩曰濟濟多士文王以寧詩大雅言文王以衆士安夫文王猶用衆況吾儕乎儕等且先君莊王屬之曰無德以及遠方莫如惠恤其民而善用之乃大戶戶閱民戶口已責弃逋責○〔逋〕補吳反逮鰥施及老鰥〔施〕始豉反○救乏赦罪悉師王卒盡行彭名御戎蔡景公爲左許靈公爲右王卒盡行故王戎車亦行雖無楚王令二君當左右之位二君弱皆强冠之冬楚師侵衛遂侵我師于蜀公賂之而退故不書侵○〔强〕其丈反〔冠〕古亂反使臧孫往臧孫宣叔也辭曰楚遠而久固將退矣無功而受名臣不敢不敢虛受退楚名楚侵及陽橋陽橋魯地孟孫請往賂之楚侵遂深故孟孫請以賂往孟

孫、獻子也、以執斲執鍼織紝。執斲、匠人、執鍼、女工、織紝、織繒布者、○[斲]竹角反、[鍼]之林反、[紝]女金反、又而鴆反、皆百人公衡爲質。公衡、成公子、○[質]音致、以請盟

楚人許平。十一月。公及楚公子嬰齊蔡侯許男秦右大夫說宋華元陳公孫寧衛孫良夫鄭公子去疾及齊國之大夫盟于蜀。齊大夫不書其名、非卿也、○[說]音悅、[去]起呂反、卿不書匱盟也。於是乎畏晉而竊與楚盟。故曰匱盟。匱、乏也、蔡侯許男不書。乘楚車也。謂之失位。乘楚王車、爲左右、則失位也、卿不書、則稱人、諸侯不書、皆不見經、君臣之別、君子曰。位其不可不慎也乎。蔡許之君。一失其位。不得列於諸侯。況其下乎。詩曰。不解于位。民之攸塈。詩大雅、言在上者勤正其位、則國安而民息也、攸、所也、塈、息也、○[解]

佳賣反〔豎〕許器反其是之謂矣楚師及宋公衡逃歸臧宣叔
曰衡父不忍數年之不宴宴樂也○〔數〕所主反以弃魯國國將
若之何誰居後之人必有任是夫國弃矣居辭也言後人必有
當此患○〔居〕音基〔任〕音壬〔夫〕音扶是行也晉辟楚畏其衆也君子曰
衆之不可以已也大夫爲政猶以衆克況明君而善
用其衆乎大誓所謂商兆民離周十人同者衆也大誓
周書萬億曰兆民離則弱合則成衆言殷以散亡周以衆興晉侯使鞏朔獻齊捷
于周王弗見使單襄公辭焉曰蠻夷戎狄不式王命
式用也淫湎毁常王命伐之則有獻捷王親受而勞之
所以懲不敬勸有功也兄弟甥舅侵敗王略兄弟同姓國甥

舅。異姓國。略。經略法度。○〔湎〕面善反。〔勞〕力報反。〔敗〕必邁反。王命伐之。告事而已。不獻其功。所以敬親暱。告伐事而不獻囚俘。禁淫慝也。淫慝謂虣掠百姓取囚俘也。○〔慝〕他得反。〔虣〕薄報反。〔掠〕音亮。今叔父克遂有功于齊。克能也。而不使命卿鎮撫王室。所使來撫余一人。而鞏伯實來。未有職司於王室。鞏朔上軍大夫。非命卿。名位不達於王室。又奸先王之禮。謂獻齊捷。余雖欲於鞏伯。欲受其獻。其敢廢舊典以忝叔父。夫齊甥舅之國也。而大師之後也。齊世與周昏。故曰甥舅。寧不亦淫從其欲以怒叔父。抑豈不可諫誨。士莊伯不能對。莊伯。鞏朔。○〔從〕子用反。王使委於三吏。委。屬也。三吏。三公也。三公者天子之吏也。禮之如侯伯克敵使大夫告慶之禮。降於卿禮一等。

王以鞏伯宴而私賄之使相告之曰非禮也勿籍相相禮者籍書也王畏晉故私宴賄以慰鞏朔○〔相〕息亮反

經三年春王正月公會晉侯宋公衛侯曹伯伐鄭宋衛未葬而稱爵以接鄰國非禮也辛亥葬衛穆公無傳二月公至自伐鄭無傳甲子新宮災三日哭無傳三年喪畢宣公神主新入廟故謂之新宮書三日哭善得禮宗廟親之神靈所馮居而遇災故哀而哭之乙亥葬宋文公無傳七月而葬緩

夏公如晉鄭公子去疾帥師伐許公至自晉無傳秋叔孫僑如帥師圍棘棘汶陽田之邑在濟北蛇丘縣○〔蛇〕以支反一如字大雩無傳以過時書晉郤克衛孫良夫伐廧咎如赤狄別種○〔廧〕在良反〔咎〕古刀反〔種〕章勇反冬十有一月晉侯使荀庚來聘衛侯使孫良夫

來聘。丙午。及荀庚盟。丁未。及孫良夫盟。先晉後衞。尊霸主。鄭伐許。無傳。不書將帥。告辭略。

傳三年春。諸侯伐鄭。次于伯牛。討邲之役也。伯牛。鄭地。邲役在宣十二年。遂東侵鄭。晉潛軍深入。鄭公子偃帥師禦之。偃。穆公子。使東鄙覆諸鄤。覆。伏兵也。○（覆）扶又反。（鄤）亡袁反。又武旦反。敗諸丘輿。鄤。丘輿。皆鄭地。晉偏軍爲鄭所敗。故不書。皇戌如楚獻捷。夏。公如晉。拜汶陽之田。前年晉使齊歸魯汶陽田故。許恃楚而不事鄭。鄭子良伐許。

晉人歸楚公子穀臣與連尹襄老之尸于楚。以求知罃。邲之戰。楚獲知罃。於是荀首佐中軍矣。荀首。知罃父。故楚人許之。王送知罃。曰。子其怨我乎。對曰。二國治戎。臣不才。

不勝其任以爲俘馘執事不以釁鼓（以血塗鼓爲釁鼓○勝音升）使歸卽戮君之惠也臣實不才又誰敢怨王曰然則德我乎對曰二國圖其社稷而求紓其民（紓緩也）各懲其忿以相宥也（宥赦也）兩釋纍囚以成其好（纍繫也）二國有好臣不與及其誰敢德（言二國本不爲己）王曰子歸何以報我對曰臣不任受怨君亦不任受德無怨無德不知所報王曰雖然必告不穀對曰以君之靈纍臣得歸骨於晉寡君之以爲戮死且不朽（戮其不勝任○任音壬下同）若從君之惠而免之以賜君之外臣首（稱於異國君曰外臣首）首其請於寡君而以戮於宗亦死且不朽若不獲命（君不

許戮。而使嗣宗職。嗣其祖宗之位職。次及於事。而帥偏師以脩

封疆。雖遇執事。遇楚將帥。其弗敢違。違辟也。其竭力致死無

有二心。以盡臣禮。所以報也。王曰。晉未可與爭。重爲

之禮而歸之。秋。叔孫僑如圍棘。取汶陽之田。棘不服。

故圍之。僑如叔孫得臣子。晉郤克衛孫良夫伐廧咎如。討赤

狄之餘焉。宣十五年。晉滅赤狄潞氏。其餘民散入廧咎如。故討之。廧咎如潰。上

失民也。此傳釋經之文。而經無廧咎如潰。蓋經闕此四字。冬十一月。晉侯使

荀庚來聘。且尋盟。尋元年赤棘盟。荀庚林父之子。衛侯使孫良夫來

聘。且尋盟。尋宣七年盟。公問諸臧宣叔曰。中行伯之於晉

也。其位在三。下卿。孫子之於衛也。位爲上卿。將誰先。對

曰次國之上卿當大國之中中當其下下當其上大夫〔降一等〕小國之上卿當大國之下卿中當其上大夫下當其下大夫〔降大國二等〕上下如是古之制也〔古制公爲大國侯伯爲次國子男爲小國〕衛在晉不得爲次國〔春秋時以强弱爲大小故衛雖侯爵猶爲小國〕晉爲盟主其將先之〔計等則二人位敵以盟主故先晉〕丙午盟晉丁未盟衛禮也十二月甲戌晉作六軍〔爲六軍僭王也萬二千五百人爲軍〕韓厥趙括鞏朔韓穿荀騅趙旃皆爲卿賞鞌之功也〔韓厥爲新中軍趙括佐之鞏朔爲新上軍韓穿佐之荀騅爲新下軍趙旃佐之晉舊自有三軍今增此故爲六軍○騅音隹〕齊侯朝于晉將授玉〔行朝禮〕郤克趨進曰此行也君爲婦人之笑辱也寡君未之敢任〔言齊

侯之來，以謝婦人之笑，非爲脩好。故云晉君不任當此惠。○[任]音壬。晉侯享齊侯。齊侯視韓厥。韓厥曰：君知厥也乎？齊侯曰：服改矣。戎朝異服也。言服改，明識其人。韓厥登，舉爵曰：臣之不敢愛死，爲兩君之在此堂也。荀罃之在楚也，鄭賈人有將寘諸褚中以出。既謀之，未行，而楚人歸之。賈人如晉，荀罃善視之，如實出己。賈人曰：吾無其功，敢有其實乎？吾小人，不可以厚誣君子。遂適齊。傳言知罃之賢。○[賈]音古。[褚]中呂反。

經四年，春，宋公使華元來聘。三月，壬申，鄭伯堅卒。無傳。二年，大夫盟于蜀。壬申，二月二十八日。杞伯來朝。夏，四月，甲寅，臧孫許卒。無傳。公如晉。葬鄭襄公。無傳。秋，公至自晉。冬，城鄆。無傳。公欲

叛晉故城而爲備○〔鄆〕音運鄭伯伐許

傳四年春宋華元來聘通嗣君也宋共公即位杞伯來朝歸叔姬故也將出叔姬先脩禮朝魯言其故夏公如晉晉侯見公不敬季文子曰晉侯必不免言將不能壽終也後十年將陷廁而死詩曰敬之敬之天惟顯思命不易哉詩頌言天道顯明受其命甚難不可不敬以奉之○〔易〕以豉反夫晉侯之命在諸侯矣可不敬乎敬諸侯則得天命

秋公至自晉欲求成于楚而叛晉季文子曰不可晉雖無道未可叛也國大臣睦而邇於我邇近也諸侯聽焉未可以貳聽服也史佚之志有之周文王大史曰非我族類其心必異楚雖大非吾族也與魯異姓其肯字我乎公

乃止。字。愛也。冬十一月。鄭公孫申帥師疆許田。前年鄭伐許侵其田。今正其界。許人敗諸展陂。鄭伯伐許。取鉏任泠敦之田。展陂。亦許地。○(任)音壬。(泠)力丁反。晉欒書將中軍。代郤克。荀首佐之。士燮佐上軍。以救許。伐鄭。取氾祭。氾祭。鄭地。成皋縣東有氾水。○(氾)音凡。或音祀。(祭)側介反。楚子反救鄭。鄭伯與許男訟焉。於子反前爭曲直。皇戌攝鄭伯之辭。代之對。子反不能決也。曰。君若辱在寡君。寡君與其二三臣共聽兩君之所欲。成其可知也。欲使自屈於楚子前決之。不然。側不足以知二國之成。側子反名。爲明年許愬鄭於楚張本。晉趙嬰通于趙莊姬。趙嬰。趙盾弟。莊姬。趙朔妻。朔盾之子。

經五年春王正月。杞叔姬來歸。出也。傳在前年。仲孫蔑如宋。

夏叔孫僑如會晉荀首于穀（穀齊地）梁山崩（記異也梁山在馮翊夏陽縣北）秋大水（無傳）冬十有一月己酉天王崩十有二月己丑公會晉侯齊侯宋公衛侯鄭伯曹伯邾子杞伯同盟于蟲牢（蟲牢鄭地陳留封丘縣北有桐牢）

傳五年春原屏放諸齊（放趙嬰也原同屏季嬰之兄○〔屏〕步丁反）嬰曰我在故欒氏不作我亡吾二昆其憂哉且人各有能有不能（言己雖淫而能令莊姬護趙氏）舍我何害弗聽嬰夢天使謂己祭余余福女使問諸士貞伯貞伯曰不識也既而告其人（自告貞伯從人○〔舍〕音捨又音赦〔聽〕吐丁反〔女〕音汝〔從〕才用反）曰神福仁而禍淫淫而無罰福也祭其得亡乎（以得放遣為福）祭之之明日

而士。爲八年晉殺趙同趙括傳。孟獻子如宋，報華元也。前年宋華元來聘。

夏，晉荀首如齊逆女，故宣伯餫諸穀。野饋曰餫，運糧饋之，敬大國也。○〔餫〕音鄆。

梁山崩，晉侯以傳召伯宗。傳，驛。○〔傳〕中戀反。伯宗辟重，曰：「辟傳。」重載之車。○〔辟〕匹亦反，又甫赤反。曰〔辟〕音避。重人曰：「待我，不如捷之速也。」捷，邪出。問其所，曰：「絳人也。」問絳事焉，曰：「梁山崩，將召伯宗謀之。」問將若之何，曰：「山有朽壤而崩，可若何？國主山川。主謂所主祭。故山崩川竭，君爲之不舉，去盛饌。○〔爲〕于僞反。〔饌〕仕戀反。降服，損盛服。乘縵，車無文。○〔縵〕武旦反。徹樂，息八音。出次，舍於郊。祝幣，陳玉帛。史辭，自罪責。以禮焉。禮山川。其如此而已，雖伯宗若之何？」伯宗請見之，見之於晉君。○〔見〕賢遍反。不可。不肯見。

遂以告而從之。從重人言。許靈公愬鄭伯于楚。前此年鄭伐許故。六月。鄭悼公如楚訟不勝。楚人執皇戌及子國。以鄭伯不直故也。子國。鄭穆公子。故鄭伯歸使公子偃請成于晉。秋八月。鄭伯及晉趙同盟于垂棘。垂棘。晉地。宋公子圍龜為質于楚而歸。圍龜。文公子。○質音致。華元享之。請鼓譟以出。鼓譟以復入。出入輒擊鼓。○復扶又反。曰習攻華氏。宋公殺之。蓋宣十五年宋楚平後。華元使圍龜代己為質。故怨而欲攻華氏。冬。同盟于蟲牢。鄭服也。諸侯謀復會。宋公使向為人辭以子靈之難。子靈。圍龜也。宋公不欲會。以新誅子靈為辭。為明年侵宋傳。○向舒亮反。十一月己酉。定王崩。經在蟲牢上。傳在下。月倒錯。衆家傳悉無此八字。或衍文。

經六年春王正月公至自會(無傳)二月辛巳立武宮(魯人自夆之功至今無患故築武軍又作先君武公宮以告成事欲以示後世)取鄟(附庸國也○[鄟]音專又市臠反)衛孫良夫帥師侵宋夏六月邾子來朝(無傳)公孫嬰齊如晉(嬰齊叔肸子)壬申鄭伯費卒(前年同盟蟲牢○[費]音祕)秋仲孫蔑叔孫僑如帥師侵宋楚公子嬰齊帥師伐鄭冬季孫行父如晉晉欒書帥師救鄭

傳六年春鄭伯如晉拜成(謝前年再盟)子游相(子游公子偃)授玉于東楹之東(禮授玉兩楹之間鄭伯行疾故東過)士貞伯曰鄭伯其死乎自弃也已視流而行速不安其位宜不能久(視流不端譏)二月季文子以鞌之功立武宮非禮也(宣十二年潘黨

勸楚子立武軍。楚子荅以武有七德。非己所堪。其爲先君宮告成事而已。今魯倚晉之功。又非霸主。而立武宮。故譏之。聽於人以救其難。不可以立武。立武由己。非由人也。言請人救難。勝非己功。○〔難〕乃旦反。取鄟。言易也。三月。晉伯宗、夏陽說、衛孫良夫、甯相、鄭人、伊雒之戎、陸渾、蠻氏侵宋。夏陽說。晉大夫。蠻氏。戎別種也。河南新城縣東南有蠻城。經惟書衛孫良夫。獨衛告也。○〔說〕音悅。〔渾〕戶門反。以其辭會也。辭會在前年。師于鍼。衛人不保。不守備。○〔鍼〕其廉反。一音針。說欲襲衛。曰。雖不可入。多俘而歸。有罪不及死。伯宗曰。不可。衛唯信晉。故師在其郊而不設備。若襲之。是弃信也。雖多衛俘。而晉無信。何以求諸侯。乃止。師還。衛人登陴。聞說謀故。○〔陴〕音皮。晉人謀去故絳。晉復命新田爲絳故謂此故絳諸大夫皆曰必居郇瑕氏之地郇瑕古國名河東解縣西北有郇城○〔郇〕音荀〔解〕音蟹沃饒而近盬盬鹽也猗氏縣鹽池是○〔盬〕音古〔猗〕於宜反國利君樂不可失也韓獻子將新中軍且爲僕大夫兼大僕○〔樂〕音洛○公揖而入獻子從公立於寢庭路寢之庭謂獻子曰何如問諸大夫言是非對曰不可郇瑕氏土薄水淺土薄地下其惡易覯惡疾疢覯成也○〔易〕以豉反〔覯〕古豆反〔疢〕勑覲反易覯則民愁民愁則墊隘墊隘羸困也○〔墊〕丁念反〔隘〕於賣反〔羸〕劣爲反於是乎有沈溺重膇之疾沈溺溼疾重膇足腫○〔膇〕治僞反不如新田今平陽絳邑縣是土厚水深居之不疾高燥故有汾澮以流其惡汾水出太原經絳北西南入河澮水出平陽絳縣南西入汾惡垢穢○〔汾〕扶云反〔澮〕古外反且民從教無災患

十世之利也。夫山澤林鹽。國之寶也。國饒則民驕佚。
財易致則民驕後。近寶公室乃貧。不可謂樂。近寶則民不務本。公說。
從之。夏四月丁丑。晉遷于新田。爲季孫如晉傳。六月。鄭悼公
卒。終士貞伯之言。子叔聲伯如晉。命伐宋。晉人命聲伯。秋。孟獻子
叔孫宣伯侵宋。晉命也。楚子重伐鄭。鄭從晉故也。前年
與晉盟。冬。季文子如晉。賀遷也。晉欒書救鄭。與楚師遇
於繞角。繞角鄭地。楚師還。晉師遂侵蔡。楚公子申公子成
以申息之師救蔡。申息楚二縣。禦諸桑隧。汝南朗陵縣東有桑里在上蔡
西南。趙同趙括欲戰。請於武子。武子將許之。武子欒書。知莊
子。荀首中軍佐。范文子。士燮上軍佐。韓獻子。韓厥新中軍將。諫曰。不可。

吾來救鄭。楚師去我。吾遂至於此。〔此，蔡地。〕是遷戮也。戮而不已，又怒楚師，戰必不克。〔遷戮不義，怒敵難當，故不克。〕雖克不令，成師以出，而敗楚之二縣，何榮之有焉。〔六軍悉出，故曰成師。以大勝小，不足爲榮。〕若不能敗，爲辱已甚，不如還也。乃遂還。於是軍帥之欲戰者衆，或謂欒武子曰：聖人與衆同欲，是以濟事。子盍從衆。〔盍，何不也。(帥)所類反。〕○子爲大政，〔中軍元帥。〕將酌於民者也。〔酌取民心以爲政。〕子之佐十一人，〔六軍之卿佐。〕其不欲戰者三人而已。〔知、范、韓也。〕欲戰者可謂衆矣。商書曰：三人占，從二人。衆故也。〔商書，洪範。〕武子曰：善鈞從衆。〔鈞，等也。〕夫善，衆之主也。三卿爲主，可謂衆矣。〔三卿皆晉之賢人。〕從之不亦可乎。傳善欒書得從衆之義。且爲八年晉侵蔡傳。

經七年。春。王正月。鼷鼠食郊牛角。改卜牛。鼷鼠又食其角。乃免牛。無傳。稱牛。未卜日。免。放也。免牛可也。不郊。非禮也。○鼷音兮。吳伐郯。○郯音談。夏。五月。曹伯來朝。不郊。猶三望。無傳。書不郊。閒有事。三望。非禮。秋。楚公子嬰齊帥師伐鄭。公會晉侯。齊侯。宋公。衛侯。曹伯。莒子。邾子。杞伯救鄭。八月。戊辰。同盟于馬陵。馬陵。衛地。陽平元城縣東南有地名馬陵。公至自會。無傳。吳入州來。州來。楚邑。淮南下蔡縣是也。冬。大雩。無傳。書過。衛孫林父出奔晉。

傳七年。春。吳伐郯。郯成。季文子曰。中國不振旅。蠻夷入伐。而莫之或恤。振。整也。旅。衆也。無弔者也夫。言中國不能相愍恤。故夷

(狄侵。內)詩曰不弔昊天亂靡有定其此之謂乎(詩小雅。刺在上者。不能弔愍下民。故號天告亂。○〔昊〕戶老反。〔號〕戶刀反。)有上不弔其誰不受亂(上。謂霸主。)吾士無日矣君子曰知懼如是斯不亡矣鄭子良相成公以如晉見且拜師(謝前年晉救鄭之師。爲楚伐鄭張本。○〔相〕息亮反。〔見〕賢遍反。)夏曹宣公來朝秋楚子重伐鄭師于汜(汜。鄭地。在襄城縣南。○〔汜〕音凡。)諸侯救鄭鄭共仲侯羽軍楚師(二子。鄭大夫。)囚鄖公鍾儀獻諸晉八月同盟于馬陵尋蟲牢之盟且莒服故也(蟲牢盟在五年。莒本屬齊。齊服。故莒從之。)晉人以鍾儀歸囚諸軍府(軍藏府也。爲九年晉侯見鍾儀張本。○〔藏〕才浪反。)楚圍宋之役(在宣十四年。)師還子重請取於申呂以爲賞田王許之(分申呂之田以自賞。)

申公巫臣曰不可此申呂所以邑也是以為賦以御北方若取之是無申呂也言申呂賴此田成邑耳不得此田則無以出兵賦而二邑壞也〔御〕魚呂反○晉鄭必至于漢王乃止子重是以怨巫臣子反欲取夏姬巫臣止之遂取以行子反亦怨之及共王即位楚共王以魯成公元年即位子重子反殺巫臣之族子閻子蕩及清尹弗忌皆巫臣之族及襄老之子黑要以夏姬故并怨黑要而分其室子重取子閻之室使沈尹與王子罷分子蕩之室子反取黑要與清尹之室巫臣自晉遺二子書子重子反○〔罷〕音皮曰爾以讒慝貪惏事君而多殺不辜余必使爾罷於奔命以死巫臣請使於吳晉侯

許之。吳子壽夢說之。乃通吳于晉。壽夢，季札父。○〔悅〕力舍反。〔夢〕莫公反。以兩之一卒適吳。舍偏兩之一焉。司馬法：百人爲卒，二十五人爲兩。車九乘爲小偏，十五乘爲大偏。蓋留九乘車及一兩二十五人，令吳習之。○〔舍〕音赦，舊音捨。〔乘〕繩證反。與其射御。教吳乘車。教之戰陳。教之叛楚。前是吳常屬楚。○戰〔陳〕直覿反。寘其子狐庸焉。使爲行人於吳。吳始伐楚。伐巢。伐徐。巢、徐，楚屬國。子重奔命。救徐巢。馬陵之會。吳入州來。子重自鄭奔命。因伐鄭而行。子重、子反於是乎一歲七奔命。蠻夷屬於楚者。吳盡取之。是以始大。通吳於上國。上國，諸夏。衛定公惡孫林父。冬。孫林父出奔晉。林父，孫良夫之子。衛侯如晉。晉反戚焉。戚，林父邑。林父出奔，戚隨屬晉。

經八年春晉侯使韓穿來言汶陽之田歸之于齊齊服事晉故晉來語魯使還二年所取田○[語]魚據反晉欒書帥師侵蔡公孫嬰齊如莒宋公使華元來聘夏宋公使公孫壽來納幣昏聘不使卿今華元將命故特書之宋公無主昏者自命之故稱使也公孫壽蕩意諸之父晉殺其大夫趙同趙括傳曰原屏咎之徒也明本不以德義自居宜其見討故從告辭而稱名秋七月天子使召伯來賜公命諸侯即位天子賜以命圭與之合瑞八年乃來緩也天子天王王者之通稱○[稱]尺證反冬十月癸卯杞叔姬卒前五年來歸者女既適人雖見出弃猶以成人禮書之終爲杞伯所葬故稱杞叔姬晉侯使士燮來聘叔孫僑如會晉士燮齊人邾人伐郯先謀而稱會盟主之命不同之於列國衛人來媵古者諸侯取適夫人及左右媵各有姪娣皆同姓之國國三人

凡九女所以廣繼嗣也魯將嫁伯姬於宋故衞來媵之○[媵]以證反[適]丁歷反[姪]大結反又丈一反

傳八年春晉侯使韓穿來言汶陽之田歸之于齊季文子餞之餞送行飲酒○[餞]錢淺反祖而舍軷飲酒於其側曰餞私焉私與之言曰大國制義以爲盟主是以諸侯懷德畏討無有貳心謂汶陽之田敝邑之舊也而用師於齊使歸諸敝邑用師鞌之戰今有二命曰歸諸齊信以行義義以成命小國所望而懷也信不可知義無所立四方諸侯其誰不解體言不復肅敬於晉詩曰女也不爽士貳其行士也罔極二三其德爽差也極中也詩衞風婦人怨丈夫不一其行喻魯事晉猶女之事夫不敢過差而晉有罔極之心反二三其德○[差]初賣反又初佳反七年之中一與一奪二

三孰甚焉。士之二三。猶喪妃耦。而況霸主。霸主將德是以。以用也。而二三之。其何以長有諸侯乎。詩曰。猶之未遠。是用大簡。猶圖也。簡諫也。詩大雅。言王者圖事不遠。故用大道諫之。行父懼晉之不遠猶而失諸侯也。是以敢私言之。晉欒書侵蔡。六年未得志故。遂侵楚。獲申驪。申驪楚大夫。○〔驪〕力馳反。楚師之還也。謂六年遇於繞角時。晉侵沈。獲沈子揖初。從知范韓也。繞角之役。欒書從知莊子范文子韓獻子之言。不與楚戰。自是常從其謀。師出有功。故傳善之。沈國今汝南平與縣。○〔揖〕音集。又於立反。君子曰。從善如流。宜哉。宜有功也。如流喻速。詩曰。愷悌君子。遐不作人。遐遠也。作用也。詩大雅。言文王能遠用善人。不語助。求善也夫。作人斯有功績矣。是行也。鄭伯將會晉師。會伐蔡之師。○〔夫〕音扶門于許東門。大獲焉。過許見其無備因攻之○〔過〕古禾反聲伯如莒。逆也。自爲逆婦而書者因聘而逆○〔爲〕于僞反宋華元來聘。聘共姬也。穆姜之女成公姊妹爲宋共公夫人聘不應使卿故傳發其事而已夏宋公使公孫壽來納幣。禮也。納幣應使卿晉趙莊姬爲趙嬰之亡。故譖之于晉侯。趙嬰亡在五年曰。原屏將爲亂。欒郤爲徵。欒氏郤氏亦徵其爲亂

六月。晉討趙同趙括。武從姬氏畜于公宮。趙武莊姬之子莊姬晉成公女畜養也以其田與祁奚。韓厥言於晉侯曰。成季之勳。宣孟之忠。成季趙衰宣孟趙盾○〔祁〕巨之反〔衰〕初危反〔盾〕徒本反而無後。爲善者其懼矣。三代之令王。皆數百年保天之祿。夫豈無辟王。賴前哲以免也。言三代亦有邪辟之君但賴其先人以免禍耳○〔數〕所主

反。〔辟〕匹亦反。周書曰。不敢侮鰥寡。所以明德也。周書康誥。言文王不

侮鰥寡而德益明。欲使晉侯之法文王。乃立武而反其田焉。秋。召桓公

來賜公命。召桓公。周卿士。晉侯使申公巫臣如吳。假道于莒。

與渠丘公立於池上。渠丘公。莒子朱也。池。城池也。渠丘。邑名。莒縣有蘧里。〇〔蘧〕其居

反。曰。城已惡。莒子曰。辟陋在夷。其孰以我爲虞。虞。度也。〇

〔度〕待洛反。對曰。夫狡焉。狡猾之人。〇〔狡〕交卯反。〔猾〕于八反。思啓封疆以利

社稷者。何國蔑有。唯然。故多大國矣。唯或思或縱也。

世有思開封疆者。有縱其暴掠者。莒人當唯此爲命。〇〔掠〕音亮。勇夫重閉。況國乎。爲明

年莒潰傳。〇〔重〕直龍反。又直勇反。冬。杞叔姬卒。來歸自杞。故書。愍其見出

來歸。故書卒也。若更適大夫。則不復書卒。晉士燮來聘。言伐郯也。以其事

吳故。七年鄭與吳成。公賂之請緩師文子不可文子士燮。曰君命無貳失信不立禮無加貨事無二成公私不兩成。君後諸侯是寡君不得事君也欲與魯絕。燮將復之季孫懼使宣伯帥師會伐鄭衛人來媵共姬禮也凡諸侯嫁女同姓媵之異姓則否必以同姓者參骨肉至親所以息陰訟。

經九年春王正月杞伯來逆叔姬之喪以歸公會晉侯齊侯宋公衛侯鄭伯曹伯莒子杞伯同盟于蒲蒲衛地在長垣縣西南。公至自會無傳。二月伯姬歸于宋宋不使卿逆非禮。夏季孫行父如宋致女女嫁三月又使大夫隨加聘問謂之致女所以致成婦禮篤昏姻之好。晉人來媵媵伯姬也。秋七月丙子齊侯無野卒無傳。

五同盟。丙子。六月一日。書七月。從赴。晉人執鄭伯。（鄭伯既受盟於蒲。又受楚賂會於鄧。故晉執之。稱人者。晉以無道於民告諸侯。例在十五年。）晉欒書帥師伐鄭。冬十有一月。葬齊頃公。（無傳。）楚公子嬰齊帥師伐莒。庚申。莒潰。（民逃其上曰潰。）楚人入鄆。（鄆。莒別邑也。楚偏師入鄆。故稱人。）秦人白狄伐晉。鄭人圍許。城中城。（魯邑也。在東海廩丘縣西南。此閏月城。在十一月之後。十二月之前。故傳曰書時。）

傳九年。春。杞桓公來逆叔姬之喪。請之也。（叔姬已絕於杞。魯復強請杞使還取葬。○〔強〕其丈反。）杞叔姬卒。爲杞故也。（還爲杞婦。故卒稱杞。○〔爲〕于僞反。下文及爲魯爲歸同。）逆叔姬。爲我也。（既弃而復逆其喪。明爲魯故。○逆叔姬絕句。爲我也。本或無爲字。）爲歸汶陽之田故。諸侯貳於晉。（歸田在前年。）晉人懼會於蒲以尋馬陵之盟(馬陵在七年)季文子謂范文子曰德則不競尋盟何爲(競彊也)范文子曰勤以撫之寬以待之堅彊以御之明神以要之柔服而伐貳德之次也是行也將始會吳吳人不至(爲十五年會鍾離傳○(御)魚呂反(要)一遙反)二月伯姬歸于宋(爲致女復命起)楚人以重賂求鄭鄭伯會楚公子成于鄧(爲晉人執鄭伯傳)夏季文子如宋致女復命公享之賦韓奕之五章(韓奕詩大雅篇名其五章言蹶父嫁女於韓侯爲女相所居莫如韓樂文子喻魯侯有蹶父之德宋公如韓侯宋土如韓樂○(蹶)九衛反(爲)于僞反(樂)音洛)穆姜出于房再拜曰大夫勤辱不忘先君以及嗣君施及未亡人(穆姜伯姬母聞文子言宋樂喜而出謝其行勞婦人夫死自稱未亡

人。○〔施〕以豉反。先君猶有望也。言先君亦望文子之若此。敢拜大夫之重

勤。又賦緑衣之卒章而入。緑衣，詩邶風也。取其我思古人實獲我心，喻文子言

得己意。○〔重〕直勇反。又直用反。〔邶〕音佩。晉人來媵禮也。同姓故。秋鄭伯如

晉。晉人討其貳於楚也。執諸銅鞮。銅鞮，晉別縣，在上黨。○〔鞮〕丁兮反。

欒書伐鄭。鄭人使伯蠲行成。晉人殺之。非禮也。兵交

使在其閒可也。明殺行人例。○〔蠲〕古縣反。又音圭。楚子重侵陳以救

鄭。陳與晉故。晉侯觀于軍府。見鍾儀。問之曰。南冠而縶者

誰也。南冠，楚冠。縶，拘執。○〔縶〕陟立反。有司對曰。鄭人所獻楚囚也。使

稅之。鄭獻鍾儀在七年。稅，解也。○〔稅〕吐活反。又始銳反。召而弔之。再拜稽首。

問其族。對曰。泠人也。泠人，樂官。〔泠〕力丁反。○公曰。能樂乎。對曰

先父之職官也敢有二事言不敢學他事使與之琴操南音南音楚聲○[操]七刀反○公曰君王何如對曰非小人之所得知也固問之對曰其爲大子也師保奉之以朝于嬰齊而夕于側也嬰齊令尹子重側司馬子反言其尊卿敬老不知其他公語范文子文子曰楚囚君子也言稱先職不背本也樂操土風不忘舊也稱大子抑無私也舍其近事而遠稱少小以示性所自然明至誠○[語]魚據反名其二卿尊君也尊晉君也不背本仁也不忘舊信也無私忠也尊君敏也敏達也仁以接事信以守之忠以成之敏以行之事雖大必濟言有此四德必能成大事君盍歸之使合晉楚之成公從之重爲之禮使歸

求成。爲下十二月晉楚結成張本。冬十一月。楚子重自陳伐莒。圍渠丘。渠丘城惡。衆潰。奔莒。戊申。楚入渠丘。月六日。莒人囚楚公子平。楚人曰。勿殺。吾歸而俘。莒人殺之。楚師圍莒。莒城亦惡。庚申。莒潰。月十八日。楚遂入鄆。莒無備故也。終巫臣之言。君子曰。恃陋而不備。罪之大者也。備豫不虞。善之大者也。莒恃其陋。而不脩城郭。浹辰之閒。而楚克其三都。無備也夫。浹辰。十二日也。○浹子協反。又子荅反。詩曰。雖有絲麻。無弃菅蒯。雖有姬姜。無弃蕉萃。凡百君子。莫不代匱。言備之不可以已也。逸詩也。姬姜。大國之女。蕉萃。陋賤之人。○菅古顏反。蒯苦怪反。蕉在遙反。秦人白狄伐晉。諸侯貳故也。鄭人圍許。

示晉不急君也。此秋晉執鄭伯。是則公孫申謀之曰：我出師以圍許。示不畏晉。爲將改立君者而紓晉使。紓，緩也。勿亟遣使詣晉，示欲更立君。○〔爲〕〔將〕竝如字。〔亟〕紀力反，或欺冀反。晉必歸君。爲明年晉侯歸鄭伯張本。城中城，書時也。十二月，楚子使公子辰如晉，報鍾儀之使，請脩好結成。鍾儀奉晉命歸，故楚報之。

經十年春，衞侯之弟黑背帥師侵鄭。夏四月，五卜郊，不從，乃不郊。無傳。卜常祀不郊，皆非禮，故書。五月，公會晉侯、齊侯、宋公、衞侯、曹伯伐鄭。晉侯，大子州蒲也。稱爵，見其生代父居位，失人子之禮。○〔見〕賢遍反。齊人來媵。無傳。媵伯姬也。異姓來媵，非禮也。丙午，晉侯獳卒。六同盟。據傳，丙午，六月七日。有日無月。○〔獳〕乃侯反。秋七月，公如晉。冬十月。

傳十年春晉侯使糴茷如楚（糴茷晉大夫○〔糴〕徒弔反一杜敖反〔茷〕扶廢反一蒲發反）報大宰子商之使也（子商楚公子辰使在前年）衛子叔黑背侵鄭晉命也（晉命衛使侵鄭）鄭公子班聞叔申之謀（改立君之謀）三月子如立公子繻（子如公子班○〔繻〕音須）夏四月鄭人殺繻立髡頑子如奔許（髡頑鄭成公大子○〔髡〕苦門反）欒武子曰鄭人立君我執一人焉何益不如伐鄭而歸其君以求成焉晉侯有疾五月晉立大子州蒲以爲君而會諸侯伐鄭（生立子爲君此父不父子不子經因書晉侯其惡明）鄭子罕賂以襄鐘（子罕穆公子襄鐘鄭襄公之廟鐘）子然盟于脩澤子駟爲質（子然子駟皆穆公子熒陽卷縣東有脩武亭○〔質〕音致〔卷〕音權又丘權反）辛巳鄭伯歸（鄭伯歸不書鄭不告入）晉

侯夢大厲被髮及地搏膺而踊曰殺余孫不義（厲鬼也趙氏之先祖也八年晉侯殺趙同趙括故怒○〔被〕皮寄反）余得請於帝矣壞大門及寢門而入公懼入于室又壞戶公覺召桑田巫（桑田晉邑○〔壞〕音怪〔覺〕古孝反）巫言如夢（巫云鬼怒如公所夢）公曰何如曰不食新矣（言公不得及食新麥）公疾病求醫于秦秦伯使醫緩爲之（緩醫名爲猶治也）未至公夢疾爲二豎子曰彼良醫也懼傷我焉逃之其一曰居肓之上膏之下若我何（肓鬲也心下爲膏○〔焉〕於虔反一讀如字屬上句〔肓〕音荒心下鬲上也）醫至曰疾不可爲也在肓之上膏之下攻之不可達之不及藥不至焉不可爲也（達針）公曰良醫也厚爲之禮而歸之六月丙午晉

侯欲麥。周六月，今四月，麥始熟。使甸人獻麥。甸人主爲公田者。○〔甸〕徒練反。饋人爲之，召桑田巫，示而殺之。將食，張，如廁，陷而卒。張，腹滿也。○〔饋〕其媿反。〔張〕中亮反。小臣有晨夢負公以登天，及日中，負晉侯出諸廁，遂以爲殉。傳言巫以明術見殺，小臣以言夢自禍。鄭伯討立君者，戊申，殺叔申、叔禽。叔禽，叔申弟。君子曰：忠爲令德，非其人猶不可，況不令乎。言叔申爲忠，不得其人，還害身。秋，公如晉。親弔，非禮。晉人止公，使送葬。於是糴茷未反。是春，晉使糴茷至楚結成。晉謂魯貳於楚，故留公，須糴茷還，驗其虛實。冬，葬晉景公。公送葬，諸侯莫在。魯人辱之，故不書，諱之也。諱不書晉葬也。

春秋經傳集解成公上第十二

春秋經傳集解成公下第十三

杜氏註　盡十八年

經。十有一年。春。王三月。公至自晉。正月公在晉。不書朝。諱見止。晉侯使郤犫來聘。己丑。及郤犫盟。郤犫。郤克從父兄弟。○犫。尺由反。夏。季孫行父如晉。秋。叔孫僑如如齊。○僑。其驕反。冬。十月。

傳。十一年。春。王三月。公至自晉。晉人以公爲貳於楚。故止公。公請受盟。而後使歸。前年七月公如晉弔。至是乃得歸。郤犫來聘。且涖盟。公請受盟。故使大夫來臨之。聲伯之母不聘。聲伯之母。叔肸之妻。不聘。無媒禮。○肸。許乙反。穆姜曰。吾不以妾爲姒。昆弟之妻相謂爲姒。穆姜。宣公夫人。宣公。叔肸同母昆弟。生聲伯而出之。嫁於齊管于奚。生二子而寡以歸聲伯聲伯以其外弟爲大夫外弟管于奚之子爲魯大夫而嫁其外妹於施孝叔孝叔魯惠公五世孫郤犫來聘求婦於聲伯聲伯奪施氏婦以與之婦人曰鳥獸猶不失儷儷耦也○〔儷〕力計反子將若何曰吾不能死亡言不與郤犫婦懼能怨致禍婦人遂行生二子於郤氏郤氏亡晉人歸之施氏施氏逆諸河沈其二子沈之於河○〔沈〕直蔭反一如字婦人怒曰已不能庇其伉儷而亡之伉敵也○〔已〕音以又音紀〔伉〕苦浪反又不能字人之孤而殺之字愛也將何以終遂誓施氏約誓不復爲之婦也傳言郤犫淫縱所以亡也夏季文子如晉報聘且涖盟也郤犫文子交盟魯晉之君其意一也故但書來盟舉重略輕周公楚惡惠襄之偪也惠王

襄王之族。○(惡)烏路反。且與伯與爭政。伯與，周卿士。○(與)音餘。不勝怒而出。及陽樊。陽樊，晉地。王使劉子復之，盟于鄄而入。三日，復出奔晉。王既復之而復出，所以自絕於周。為明年周公出奔傳。鄄，周邑。○(鄄)音絹。秋，宣伯聘于齊，以脩前好。尋以前之好。晉郤至與周爭鄇田。鄇，溫別邑。今河內懷縣西南有鄇人亭。○(鄇)音侯，又音候。王命劉康公、單襄公訟諸晉。郤至曰：溫，吾故也，故不敢失。言溫，郤氏舊邑。○(單)音善。劉子、單子曰：昔周克商，使諸侯撫封。各撫有其封內之地。蘇忿生以溫為司寇，與檀伯達封于河。蘇忿生，周武王司寇蘇公也。與檀伯達俱封於河內。蘇氏即狄，又不能於狄而奔衛。事在僖十年。襄王勞文公而賜之溫。在僖二十五年。○(勞)力報反。狐氏、陽氏先處之，狐溱、陽處父，先食溫地。○〔溙〕側巾反。而後及子。若治其故。則王官之邑也。子安得之。晉侯使郤至勿敢爭。傳言郤至貪。所以亡。宋華元善於令尹子重。又善於欒武子。聞楚人既許晉糴茷成。而使歸復命矣。在往年。○〔華〕戶化反。冬。華元如楚。遂如晉。合晉楚之成。爲明年盟宋西門外張本。秦晉爲成。將會于令狐。晉侯先至焉。秦伯不肯涉河。次于王城。使史顆盟晉侯于河東。史顆。秦大夫。○〔顆〕苦果反。晉郤犨盟秦伯于河西。就盟王城。范文子曰。是盟也何益。齊盟。所以質信也。齊。一心。質。成也。會所。信之始也。始之不從。其可質乎。秦伯歸而背晉成。爲十三年伐秦傳。○〔背〕音佩。卷內皆同。

經十有二年春周公出奔晉夏公會晉侯衛侯于瑣澤（瑣澤地闕）秋晉人敗狄于交剛（交剛地闕）冬十月

傳十二年春王使以周公之難來告（周公奔在前年）書曰周公出奔晉凡自周無出周公自出故也（天子無外故奔者不言出周公為王所復而自絕於周故書出以非之）宋華元克合晉楚之成（終前年事）夏五月晉士燮會楚公子罷許偃（二子楚大夫○〔罷〕音皮）癸亥盟于宋西門之外曰凡晉楚無相加戎好惡同之同恤菑危備救凶患若有害楚則晉伐之在晉楚亦如之交贄往來道路無壅（贄幣也○〔好〕〔惡〕並如字又皆去聲〔菑〕音災）謀其不協而討不庭（討背叛不來在王庭者）有渝此盟明神殛之（殛誅也）

俾隊其師。無克胙國。俾使也。隊失也。○隊直類反。胙才故反。鄭伯如晉
聽成。聽猶受也。晉楚既成。鄭往受命。會于瑣澤。成故也。晉既與楚成。合諸侯以申
成好。狄人閒宋之盟以侵晉。而不設備。○閒宋。閒廁之閒。秋。晉
人敗狄于交剛。晉郤至如楚聘。且涖盟。楚子享之。子
反相。爲地室而縣焉。縣鐘鼓也。○相息亮反。縣音縣。郤至將登。登堂。金
奏作於下。擊鐘而奏樂。驚而走出。子反曰。日云莫矣。寡君
須矣。吾子其入也。賓曰。君不忘先君之好。施及下臣。
貺之以大禮。重之以備樂。貺賜也。○莫音暮。施以豉反。如天之福。
兩君相見。何以代此。下臣不敢。言此兩君相見之禮。子反曰。如
天之福。兩君相見。無亦唯是一矢以相加遺。焉用樂。

言兩君戰乃相見無用此樂○〔遺〕唯季反〔焉〕於虔反寡君須矣吾子其入也賓曰傳諸交讓得賓主辭者多曰賓主以明之若讓之以一矢禍之大者其何福之爲世之治也諸侯閒於天子之事則相朝也王事閒缺則脩私好○〔閒〕音閑於是乎有享宴之禮享以訓共儉享有禮薦設几而不倚爵盈而不飲肴乾而不食所以訓共儉宴以示慈惠宴則折俎相與共食共儉以行禮而慈惠以布政政以禮成民是以息百官承事朝而不夕不夕言無事○〔朝〕直遙反此公侯之所以扞城其民也扞蔽也言享宴結好鄰國所以蔽扞其民○〔扞〕戶旦反故詩曰赳赳武夫公侯干城詩周南之風赳赳武貌干扞也言公侯之與武夫止于扞難而已○〔干〕戶旦反又如字及其亂也諸侯貪冒侵欲不忌爭尋常以盡其

民八尺曰尋倍尋曰常言爭尺寸之地以相攻伐○(冒)莫報反又士北反略其武夫以爲己腹心股肱爪牙略取也言世亂則公侯制禦武夫以從己志使侵害鄰國爲搏噬之用無已故詩曰赳赳武夫公侯腹心舉詩之正以駁亂義詩言治世則武夫能合德公侯外爲扞城內制其腹心天下有道則公侯能爲民干城而制其腹心亂則反之略其武夫以爲己腹心爪牙○能(爲)于僞反今吾子之言亂之道也不可以爲法然吾子主也至敢不從遂入卒事歸以語范文子文子曰無禮必食言吾死無日矣夫言晉楚不能久和必復相伐爲十六年鄢陵戰張本○(語)魚據反(鄢)謁晚反又一建反冬楚公子罷如晉聘且涖盟報郤至十二月晉侯及楚公子罷盟于赤棘晉地

經十有三年春晉侯使郤錡來乞師。（將伐秦也。侯伯當召兵而乞師，謙辭。○〔錡〕魚綺反。）三月公如京師。（伐秦道過京師，因朝王。）夏五月公自京師遂會晉侯齊侯宋公衛侯鄭伯曹伯邾人滕人伐秦。曹伯盧卒于師。（五同盟。○〔盧〕如字，亦作廬。）秋七月公至自伐秦。（無傳。）冬葬曹宣公。

傳十三年春晉侯使郤錡來乞師。將事不敬。（將事，致君命。）孟獻子曰：郤氏其亡乎。禮，身之幹也。敬，身之基也。郤子無基。且先君之嗣卿也，受命以求師，將社稷是衛，而惰，棄君命也。不亡何為。（郤錡，郤克子，故曰嗣卿。為十七年晉殺郤錡傳。）三月公如京師。宣伯欲賜。（欲王賜己。）請先使。王以行人之禮禮焉。不加厚。〔使〕所吏反。孟獻子從王以爲介。而重賄之。介，輔相威儀者。獻子相公以禮，故王重賜之。○〔從〕才用反。公及諸侯朝王。遂從劉康公、成肅公會晉侯伐秦。劉康公，王季子。劉、成二公不書，兵不加秦。成子受脤于社。不敬。脤，宜社之肉也。盛以脤器，故曰脤。宜，出兵祭社之名。○〔脤〕市軫反。〔盛〕音成。劉子曰。吾聞之。民受天地之中以生。所謂命也。是以有動作禮義威儀之則。以定命也。能者養之以福。養威儀以致福。不能者敗以取禍。是故君子勤禮。小人盡力。勤禮莫如致敬。盡力莫如敦篤。敬在養神。篤在守業。國之大事。在祀與戎。祀有執膰。膰，祭肉。○〔膰〕音煩。戎有受脤。神之大節也。交神之大節。今成子惰。弃其命矣。惰則失中和之氣。其不反乎。[爲成肅公卒于瑕張本。]夏四月戊午。晉侯使呂相絕秦。[呂相。魏錡子。蓋口宣己命。○相息亮反。]曰昔逮我獻公及穆公[晉獻公。秦穆公。○逮音代。一音大計反。]相好。戮力同心。申之以盟誓。重之以昏姻。[穆公夫人。獻公之女。○好呼報反。戮音六。又力幽反。字林音遼。]天禍晉國。文公如齊。惠公如秦。[辟驪姬也。不言狄。梁。舉所恃大國。○辟音避。]無祿。獻公即世。穆公不忘舊德。俾我惠公用能奉祀于晉。[僖十年。秦納惠公。]又不能成大勳。而爲韓之師。[僖十五年。秦伐晉。獲惠公。]亦悔于厥心。用集我文公。[集。成也。]是穆之成也。[成功于晉。]文公躬擐甲冑。跋履山川。[草行爲跋。○擐音患。跋蒲末反。]踰越險阻。征東之諸侯。虞夏商周之胤。而朝諸秦。則亦既報舊德矣。鄭人怒君之

疆場。我文公帥諸侯及秦圍鄭。晉自以鄭貳於楚故圍之。鄭非侵秦也。晉
以此誣秦。事在僖三十年。○〔場〕音亦。秦大夫不詢于我寡君。擅及鄭盟。
詢謀也。盟者秦伯。謙言大夫。諸侯疾之。將致命于秦。致死命而討秦。時無諸侯
蓋諸侯遙致此意。文公恐懼。綏靜諸侯。秦師克還無害。則是
我有大造于西也。造成也。言晉有成功於秦。無祿。文公即世。穆爲
不弔。不見弔傷。蔑死我君。寡我襄公。寡弱也。迭我殽地。奸絕
我好。伐我保城。殄滅我費滑。伐保城。誣之。費滑。滑國都於費。今緱氏縣。○〔迭〕
直結反。又音逸。〔費〕扶味反。〔緱〕古侯反。散離我兄弟。撓亂我同盟。滑晉同姓。○〔撓〕
乃卯反。傾覆我國家。我襄公未忘君之舊勳。納文公之勳。而
懼社稷之隕。是以有殽之師。在僖三十三年。猶願赦罪于穆

公。晉欲求解於秦。穆公弗聽而即楚謀我天誘其衷成王隕命。秦使鬬克歸楚求成。事見文十四年。文元年。楚弒成王。○[見]賢遍反。穆公是以不克逞志于我。逞，快也。穆襄即世康靈即位。文六年。晉襄秦穆皆卒。康公我之自出。晉外甥。又欲闕翦我公室傾覆我社稷帥我蝥賊以來蕩搖我邊疆。蝥賊，食禾稼蟲名。謂秦納公子雍。○[闕]其月反。又如字。[蝥]莫侯反。我是以有令狐之役。在文七年。康猶不悛入我河曲。悛，改也。○[悛]七全反。伐我涑川俘我王官。涑水出河東聞喜縣。西南至蒲坂縣入河。○[涑]息錄反。又音速。翦我羈馬我是以有河曲之戰。在文十二年。東道之不通則是康公絕我好也。言康公自絕。故不復東通晉。及君之嗣也。君，秦桓公。我君景公引領西望曰庶撫我乎。望秦撫恤晉。君亦不惠稱盟。不肯稱晉望而共盟。○稱尺證反。利吾有狄難。謂晉滅潞氏時。○難乃旦反。入我河縣。焚我箕郜。芟夷我農功。芟夷傷也。○郜古報反。虔劉我邊垂。虔劉皆殺也。我是以有輔氏之聚。聚眾也。在宣十五年。君亦悔禍之延。延長也。而欲徼福于先君獻穆。晉獻秦穆。使伯車來命我景公。伯車秦桓公子。曰吾與女同好弃惡。復脩舊德。以追念前勳。言誓未就。景公卽世。我寡君是以有令狐之會。令狐會在十一年。申厲公之命。宜言寡人。稱君誤也。○復音服。又扶又反。君又不祥。祥善也。背弃盟誓。白狄及君同州。及與也。君之仇讎。而我昏姻也。季隗廧咎如赤狄之女也。白狄伐而獲之。納諸文公。○隗五罪反。廧在良反。咎音羔。君來賜命曰。吾與女伐狄。寡君不敢顧昏姻畏君之威而受命于吏君有二心於狄曰晉將伐女狄應且憎是用告我（言狄雖應答秦而心實憎秦無信）楚人惡君之二三其德也亦來告我曰秦背令狐之盟而來求盟于我昭告昊天上帝秦三公楚三王（三公穆康共三王成穆莊○[昊]戶老反[共]音恭）曰余雖與晉出入（出入猶往來）余唯利是視不穀惡其無成德是用宣之以懲不壹諸侯備聞此言斯是用痛心疾首暱就寡人（疾亦痛也暱親也○[暱]女乙反）寡人帥以聽命唯好是求君若惠顧諸侯矜哀寡人而賜之盟則寡人之願也其承寧諸侯以退（承君之意以寧靜諸侯）豈敢徼亂（徼要也）君若不施大惠寡人不佞其不能以

諸侯退矣敢盡布之執事俾執事實圖利之（俾使也）秦
桓公既與晉厲公為令狐之盟而又召狄與楚欲道
以伐晉諸侯是以睦於晉（晉辭多誣秦故傳據此三事以正秦罪）晉欒
書將中軍荀庚佐之（庚代荀首）士燮將上軍（代荀庚）郤錡佐
之（代士燮）韓厥將下軍（代郤錡）荀罃佐之（代趙同）趙旃將新
軍（代韓厥○旃之然反）郤至佐之（代趙括）郤毅御戎欒鍼為右（郤毅
郤至弟欒鍼欒書子○鍼其廉反）孟獻子曰晉帥乘和師必有大功
（帥軍帥乘車士○帥所類反乘繩證反）五月丁亥晉師以諸侯之師及
秦師戰于麻隧秦師敗績獲秦成差及不更女父（不更
秦爵戰敗績不書以為晉直秦曲則韓役書戰時公在師復不須告克獲有功亦無所諱蓋經文闕漏傳

文獨存。○［差］初佳反，又初宜反。［更］音庚。［女］音汝。［復］扶又反。曹宣公卒于師。師遂濟涇，涇水出安定，東南經扶風京兆高陸縣，入渭也。○［麗］力馳反。及侯麗而還。迓晉侯于新楚。迓，迎也。既戰，晉侯止新楚，故師還過，迎之。麻隧、侯麗、新楚，皆秦地。成肅公卒于瑕。終劉子之言。瑕，晉地。六月丁卯夜，鄭公子班自訾求入于大宮，訾，鄭地。大宮，鄭祖廟。十年班出奔許，今欲還爲亂。不能，殺子印、子羽。子印、子羽，皆穆公子。○［班］亦作般。［訾］子斯反。［大］音泰。反軍于市。己巳，子駟帥國人盟于大宮。子駟，穆公子。遂從而盡焚之。焚，燒也。殺子如、子駹、孫叔、孫知。子如，公子班。子駹，班弟。孫叔，子如子。孫知，子駹子。○［駹］武邦反。曹人使公子負芻守，使公子欣時逆曹伯之喪。二子皆曹宣公庶子。○［芻］初俱反。秋，負芻殺其大子而自立也。宣公大子。諸侯乃請討之晉人以其役之勞請侯他年冬葬曹宣公既葬子臧將亡子臧公子欣時國人皆將從之不義負芻故成公乃懼成公負芻告罪且請焉情留子臧乃反而致其邑還邑於成公爲十五年執曹伯傳

經十有四年春王正月莒子朱卒無傳九年盟于蒲夏衛孫林父自晉歸于衛晉納之故曰歸秋叔孫僑如如齊逆女成公逆夫人最爲得禮而經無納幣者文闕絕也鄭公子喜帥師伐許九月僑如以夫人婦姜氏至自齊冬十月庚寅衛侯臧卒五同盟秦伯卒無傳二年大夫盟於蜀而不赴以名例在隱七年

傳十四年春衛侯如晉晉侯強見孫林父焉林父以七年奔

（晉彊見欲歸之。○〔彊〕其丈反。〔見〕賢遍反。）定公不可。夏，衛侯既歸，晉侯使郤犨送孫林父而見之。衛侯欲辭，定姜曰：不可。（定姜，定公夫人。）是先君宗卿之嗣也。（同姓之卿。）大國又以為請，不許，將亡。雖惡之，不猶愈於亡乎？君其忍之。（違大國必見伐，故亡。○〔惡〕烏路反。）安民而宥宗卿，不亦可乎？衛侯見而復之。（復林父位。）衛侯饗苦成叔，（成叔，郤犨。）甯惠子相。（相，佐禮。○惠子，甯殖。）苦成叔傲。甯子曰：苦成家其亡乎！古之為享食也，以觀威儀省禍福也。故詩曰：兕觵其觩，旨酒思柔。（詩小雅。言君子好禮，飲酒皆思柔德。雖設兕觵，觩然不用。以兕角為觵，所以罰不敬。觩，陳設之貌。○〔傲〕五報反。〔食〕音嗣。〔兕〕辭姊反。〔觵〕古橫反。〔觩〕音虯。）彼交匪傲，萬福來求。（彼之交於事而不惰傲，乃萬福之所求。）今夫子

傲取禍之道也。爲十七年郤氏亡。秋。宣伯如齊逆女。稱族。尊

君命也。八月。鄭子罕伐許。敗焉。爲許所敗。○所〔敗〕必邁反。戊戌。鄭

伯復伐許。庚子。入其郛。郛。郭也。許人平以叔申之封。四年。

鄭公孫申疆許田。許人敗之。不得定其封疆。今許以是所封田求和於鄭。九月。僑如以夫

人婦姜氏至自齊。舍族。尊夫人也。舍族。謂不稱叔孫。○〔舍〕音捨。故

君子曰。春秋之稱。微而顯。辭微而義顯。○〔稱〕尺證反。志而晦。志。記也。晦

亦微也。謂約言以記事。事敘而文微。婉而成章。婉。曲也。謂曲屈其辭。有所辟諱。以示大順。而成

篇章。盡而不汙。謂直言其事。盡其事實。無所汙曲。○〔汙〕憂于反。懲惡而勸善。善名

必書。惡名不滅。所以爲懲勸。非聖人誰能脩之。脩史策成此五者。衛侯有

疾。使孔成子甯惠子立敬姒之子衎以爲大子。成子。孔達

之孫。敬姒。定公妾。衎。獻公。冬十月。衛定公卒。夫人姜氏既哭而息。見大子之不哀也。不內酌飲。歎曰。是夫也。將不唯衛國之敗。其必始於未亡人。定姜言獻公行無禮。必從己始。下言暴妾使余是也。○〔內〕如字。又音納。〔酌〕市略反。又張略反。烏呼。天禍衛國也夫。吾不獲鱄也使主社稷。鱄。衎之母弟。○〔鱄〕市轉反。一音專。大夫聞之。無不聳懼。孫文子自是不敢舍其重器於衛。寶器。○〔舍〕音赦。或音捨。盡寘諸戚。寘。置也。戚。孫氏邑。而甚善晉大夫。備亂起。欲以爲援。爲襄十四年衛侯出奔傳。

經十有五年。春。王二月。葬衛定公。無傳。三月乙巳。仲嬰齊卒。無傳。襄仲子。公孫歸父弟。宣十八年。逐東門氏。既而又使嬰齊紹其後。曰仲氏。癸丑。公

會晉侯衛侯鄭伯曹伯宋世子成齊國佐邾人同盟
于戚晉侯執曹伯歸于京師不稱人以執者曹伯罪不及民歸之京師禮也
公至自會無傳夏六月宋公固卒四同盟楚子伐鄭秋八
月庚辰葬宋共公三月而葬速宋華元出奔晉宋華元自
晉歸于宋華元欲挾晉以自重故以外納告宋殺其大夫山不書氏明背其
族宋魚石出奔楚公子目夷之曾孫冬十有一月叔孫僑如
會晉士燮齊高無咎宋華元衛孫林父鄭公子鰌邾
人會吳于鍾離吳夷未嘗與中國會今始來通晉帥諸侯大夫而會之故殊會明本非同
好鍾離楚邑淮南縣○〔燮〕息協反〔鰌〕音秋許遷于葉許畏鄭南依楚故以自遷為文葉今南陽
葉縣也○〔葉〕舒涉反

傳十五年春會于戚討曹成公也。討其殺大子而自立。事在十三年。

執而歸諸京師書曰晉侯執曹伯不及其民也。惡不及民。

凡君不道於其民諸侯討而執之則曰某人執某侯。

稱人示衆所欲執。不然則否。謂身犯不義者。諸侯將見子臧於王而

立之子臧辭曰前志有之曰聖達節。聖人應天命不拘常禮。次

守節。謂賢者。下失節。愚者妄動。爲君非吾節也雖不能聖敢

失守乎遂逃奔宋夏六月宋共公卒。爲下宋亂起。楚將北

師。侵鄭衛。子囊曰新與晉盟而背之無乃不可乎子反

曰敵利則進何盟之有。晉楚盟在十二年。子囊莊王子公子貞。申叔時

老矣在申。老歸本邑。聞之曰子反必不免信以守禮禮以

庇身信禮之亡欲免得乎（言不得免）楚子侵鄭及暴隧遂侵衛及首止鄭子罕侵楚取新石（新石楚邑）欒武子欲報楚韓獻子曰無庸（庸用也）使重其罪民將叛之（背盟數戰罪也）無民孰戰（爲明年晉敗楚於鄢陵傳）秋八月葬宋共公於是華元爲右師魚石爲左師蕩澤爲司馬（蕩澤公孫壽之孫）華喜爲司徒（華父督之玄孫）公孫師爲司城（莊公孫）向爲人爲大司寇鱗朱爲少司寇（鱗矔孫○矔古亂反）向帶爲大宰魚府爲少宰蕩澤弱公室殺公子肥（輕公室以爲弱故殺其枝黨肥文公子）華元曰我爲右師君臣之訓師所司也今公室卑而不能正（不能討蕩澤）吾罪大矣不能治官敢賴寵乎乃出奔晉二

華戴族也（華元華喜）司城莊族也六官者皆桓族也（魚石蕩澤向爲人鱗朱向帶魚府皆出桓公）魚石將止華元魚府曰右師反必討是無桓氏也（恐華元還討蕩澤弁及六族）魚石曰右師苟獲反雖許之討必不敢（言畏桓族強）且多大功國人與之不反懼桓氏之無祀於宋也（華元大功克合晉楚之成劫子反以免宋圍）右師討猶有戌在（向戌桓公曾孫言其賢華元必不討）桓氏雖亡必偏（偏不盡）魚石自止華元于河上請討許之乃反使華喜公孫師帥國人攻蕩氏殺子山（喜師非桓族故使攻之）書曰宋殺其大夫山言背其族也（蕩氏宋公族還害公室故去族以示其罪）魚石向爲人鱗朱向帶魚府出舍於睢上（睢水名五大夫畏同族罪及將出奔○睢）

音雖華元使止之不可冬十月華元自止之不可乃反五子不止華元還魚府曰今不從不得入矣○不得復入宋(復)扶又反右師視速而言疾有異志焉若不我納今將馳矣登丘而望之則馳騁而從之五子亦馳逐之○登丘而望之則馳絕句(騁)勑景反則決睢澨澨水涯決壞也○(澨)市制反(涯)魚佳反(壞)音怪閉門登陴矣左師二司寇二宰遂出奔楚四大夫不書獨魚石告華元使向戌為左師老佐為司馬樂裔為司寇以靖國人老佐戴公五世孫晉三郤害伯宗譖而殺之及欒弗忌欒弗忌晉賢大夫伯州犂奔楚伯宗子韓獻子曰郤氏其不免乎善人天地之紀也而驟絕之不亡何待既殺伯宗又及弗忌故曰驟也為十七年晉殺三郤傳

初伯宗每朝其妻必戒之曰盜憎主人民惡其上子好直言必及於難傳見雖婦人之言不可廢○(惡)烏路反(好)呼報反(難)乃旦反十一月會吳于鍾離始通吳也始與中國接許靈公畏偪于鄭請遷于楚辛丑楚公子申遷許于葉

經十有六年春王正月雨木冰無傳記寒過節冰封著樹夏四月辛未滕子卒不書名未同盟鄭公子喜帥師侵宋喜穆公子子罕也六月丙寅朔日有食之無傳晉侯使欒黶來乞師將伐鄭黶欒書子○(黶)於斬反又於玷反甲午晦晉侯及楚子鄭伯戰于鄢陵楚子鄭師敗績楚師未大崩楚子傷目而退故曰楚子敗績鄢陵鄭地今屬潁川郡○(鄢)謁晚反又於建反楚殺其大夫公子側側子反背盟無禮卒以敗師故書名秋

公會晉侯齊侯衛侯宋華元邾人于沙隨沙隨宋地梁國寧陵
縣北有沙隨亭不見公不及鄢陵戰故不諱者恥輕於執止公至自會無傳公會
尹子晉侯齊國佐邾人伐鄭尹子王卿士子爵曹伯歸自京
師爲晉侯所赦故書歸諸侯歸國或書名或不書名或言歸自某或言自某歸無傳義例從告辭九
月晉人執季孫行父舍之于苕丘苕丘晉地舍之苕丘明不以歸不稱
行人非使人○苕音條冬十月乙亥叔孫僑如出奔齊公未歸命國人
逐之十有二月乙丑季孫行父及晉郤犫盟于扈晉許魯平
故盟公至自會無傳伐而以會致史異文乙酉刺公子偃魯殺大夫皆言刺義
取於周禮三刺之法○刺七賜反殺也
傳十六年春楚子自武城使公子成以汝陰之田求

成于鄭。（汝水之南近鄭地。）鄭叛晉。子駟從楚子盟于武城。（爲晉伐鄭起。）夏四月。滕文公卒。鄭子罕伐宋。（滕宋之與國。鄭因滕有喪而伐宋。故傳舉滕侯卒。侵伐經傳異文。經從告。傳言實。他皆放此。）宋將鉏樂懼敗諸汋陂。（敗鄭師也。樂懼。戴公六世孫。將鉏。樂氏族。○鉏仕魚反。又在魚反。汋七藥反。又音酌。一市藥反。）退舍於夫渠。不儆。（宋師不儆備。○夫音扶。儆京領反。）鄭人覆之。敗諸汋陵。獲將鉏樂懼。宋恃勝也。（汋陂。夫渠。汋陵。皆宋地。○覆敷目反。一音扶又反。）衛侯伐鄭。至于鳴鴈。爲晉故也。（鳴鴈在陳留雍丘縣西北。）晉侯將伐鄭。范文子曰。若逞吾願。諸侯皆叛。晉可以逞。（逞。快也。晉厲公無道。三郤驕。故欲使諸侯叛。冀其懼而思德。）若唯鄭叛。晉國之憂。可立俟也。欒武子曰。不可以當吾世而失諸侯。必伐鄭。乃與師。欒書將中軍。士燮佐之。代荀庚。郤錡將上軍。代士燮。荀偃佐之。代郤錡。偃荀庚子。韓厥將下軍。郤至佐新軍。荀罃居守。荀罃下軍佐。於是郤犨代趙旃將新軍。新上下軍罷矣。郤犨如衛。遂如齊。皆乞師焉。欒黶來乞師。孟獻子曰。有勝矣。卑讓有禮。故知其將勝楚。戊寅。晉師起。鄭人聞有晉師。使告于楚。姚句耳與往。句耳。鄭大夫。與往。非使也。為先歸張本。○〔句〕古侯反。〔與〕音預。楚子救鄭。司馬將中軍。子反。令尹將左。子重。右尹子辛將右。公子壬夫。過申。子反入見申叔時。叔時老在申。○〔過〕古禾反。曰。師其何如。對曰。德刑詳義禮信。戰之器也。器猶用也。德以施惠。刑以正邪。詳以事神。義以建利。禮以順時。信以守物。民生厚而德正。財足則思無邪○(邪)似嗟反用利而事節動不失利則事得其節時順而物成羣生得所上下和睦周旋不逆動順理求無不具下應上各知其極無二心故詩曰立我烝民莫匪爾極烝衆也極中也詩頌言先王立其衆民無不得中正是以神降之福時無災害民生敦厖和同以聽敦厚也厖大也莫不盡力以從上命致死以補其闕闕戰死也此戰之所由克也今楚內弃其民不施惠而外絕其好義不建利○(好)呼報反瀆齊盟不詳事神而食話言信不守物○(話)戶快反奸時以動禮不順時周四月今二月妨農業○(奸)音干而疲民以逞刑不正邪而苟快意民不知信進退罪也人恤所厎其誰致死厎至也○(厎)音旨子其勉之吾不復見子矣言其必敗不反○(復)扶又反姚

句耳先歸子駟問焉對曰其行速過險而不整速則失志（不思慮也）不整喪列志失列喪將何以戰楚懼不可用也五月晉師濟河聞楚師將至范文子欲反曰我僞逃楚可以紓憂（紓緩也）夫合諸侯非吾所能也以遺能者我若羣臣輯睦以事君多矣武子曰不可六月晉楚遇於鄢陵范文子不欲戰郤至曰韓之戰惠公不振旅（衆散敗也在僖十五年○遺唯季反）箕之役先軫不反命（死於狄也在僖三十三年）邲之師荀伯不復從（荀林父奔走不復故道在宣十二年○從子容反或如字）皆晉之恥也子亦見先君之事矣（見先君成敗之事）今我辟楚又益恥也文子曰吾先君之亟戰也有故（亟數）

也。○〔亟〕去吏反。秦狄齊楚皆彊不盡力子孫將弱今三彊服

矣齊、秦、狄。敵楚而已唯聖人能內外無患自非聖人外

寧必有內憂驕亢則憂患生也。○〔亢〕苦浪反。盍釋楚以爲外懼乎甲

午晦楚晨壓晉軍而陳壓，笮其未備。○〔陳〕直覲反，下同。〔笮〕側百反。軍吏患

之范匄趨進匄，士燮子。〔匄〕古害反。○曰塞井夷竈陳於軍中而

疏行首疏行首者，當陳前決開營壘爲戰道。○〔行〕戶郎反，又如字。晉楚唯天所授

何患焉文子執戈逐之曰國之存亡天也童子何知

焉欒書曰楚師輕窕固壘而待之三日必退退而擊

之必獲勝焉郤至曰楚有六閒不可失也其二卿相

惡子重、子反。○〔窕〕勑彫反，又勑弔反。〔惡〕如字，又烏路反。王卒以舊罷老不代。鄭陳而

不整。不整列。蠻軍而不陳。蠻夷從楚者不結陳。陳不違晦。晦，月終，陰之盡。故兵家以爲忌。在陳而囂。囂，喧譁也。○（囂）許驕反，徐讀五高反。合而加囂。陳合宜靜，而益有聲。各顧其後。莫有鬭心。人恤其所底。舊不必良。以犯天忌。我必克之。楚子登巢車以望晉軍。巢車，車上爲櫓。○（巢）說文作轈，兵車高如巢，以望敵也。子重使大宰伯州犂侍于王後。州犂，晉伯宗子。前年奔楚。王曰。騁而左右。何也。騁，走也。曰。召軍吏也。皆聚於中軍矣。曰。合謀也。張幕矣。曰。虔卜於先君也。虔，敬也。徹幕矣。曰。將發命也。甚囂且塵上矣。曰。將塞井夷竈而爲行也。夷，平也。皆乘矣。左右執兵而下矣。曰。聽誓也。左，將帥。右，車右。○（乘）繩證反。戰乎。曰。未可知也。乘而左右皆下矣。曰。

戰禱也。禱請於鬼神。伯州犂以公卒告王。公，晉侯。苗賁皇在晉侯之側，亦以王卒告。賁皇，楚鬬椒子，宣四年奔晉。○〔賁〕扶云反。皆曰：國士在，且厚，不可當也。晉侯左右皆以伯州犂在楚，知晉之情，且謂楚衆多，故憚合戰。與苗賁皇意異。○〔憚〕徒旦反。苗賁皇言於晉侯曰：楚之良，在其中軍王族而已。請分良以擊其左右，而三軍萃於王卒，萃，集也。必大敗之。公筮之，史曰：吉。其卦遇復䷗，震下坤上。復，無變。曰：南國蹙，射其元王，中厥目。此卜者辭也。復，陽長之卦。陽氣起子，南行推陰，故曰南國蹙也。南國勢蹙，則離受其咎。離為諸侯，又為目，陽氣激南，飛矢之象，故曰射其元王中厥目。○〔蹙〕子六反。〔射〕食亦反。〔中〕丁仲反。國蹙王傷，不敗何待？公從之。從其言而戰。有淖於前，淖，泥也。○〔淖〕乃孝反，又徒較反。乃皆左右相違於淖。

違辟也步毅御晉厲公欒鍼爲右步毅卽郤毅彭名御楚共
王潘黨爲右石首御鄭成公唐苟爲右欒范以其族
夾公行二族強故在公左右陷於淖欒書將載晉侯鍼曰書退
國有大任焉得專之在君前故子名其父大任謂元帥之職且侵官冒
也載公爲侵官○〔冒〕莫報反又莫北反失官慢也去將而御失官也離局姦也
遠其部曲爲離局○〔離〕力志反注同有三罪焉不可犯也乃掀公以出
於淖掀舉也○〔掀〕許言反癸巳潘尫之黨與養由基蹲甲而射
之徹七札焉黨潘尫之子蹲聚也一發達七札言其能陷堅○〔尫〕烏黃反〔蹲〕在尊反又在損
反一才官反以示王曰君有二臣如此何憂於戰二子以射夸王
王怒曰大辱國賤其不尚知謀○〔知〕音智詰朝爾射死藝言女以射自多

必當以藝死也。詰朝猶明朝。是戰日。○[朝]如字。[女]音汝。呂錡夢射月。中之。退入於泥。呂錡、魏錡。○[射]食亦反。○占之曰。姬姓日也。周世姬姓尊。異姓月也。異姓卑。必楚王也。射而中之。退入於泥。亦必死矣。錡自入泥。亦死象。○[中]丁仲反。及戰。射共王中目。王召養由基。與之兩矢。使射呂錡。中項。伏弢。弢。弓衣。○[弢]他刀反。○以一矢復命。言一發而中。郤至三遇楚子之卒。見楚子。必下。免冑而趨風。疾如風。楚子使工尹襄問之以弓。問。遺也。曰。方事之殷也。殷。盛也。有韎韋之跗注。君子也。韎。赤色。跗注。戎服。若袴而屬於跗。與袴連。○[韎]莫拜反。又音妹。[跗]方于反。[注]之樹反。[袴]苦故反。識見不穀而趨。無乃傷乎。恐其傷。郤至見客。免冑承命。曰。君之外臣至。從寡君之戎事。

以君之靈閒蒙甲胄閒猶近也不敢拜命介者不拜敢告不寧
君命之辱以君辱賜命故不敢自安爲事之故敢肅使者言君辱命來問
以有軍事不得荅故肅使者肅手至地若今撎○〔爲〕于僞反〔撎〕伊志反揖也三肅使者而
退晉韓厥從鄭伯從逐也其御杜溷羅曰速從之其御
屢顧不在馬可及也韓厥曰不可以再辱國君乃止
二年鞌戰韓厥已辱齊侯○〔溷〕戶昏戶本二反郤至從鄭伯其右茀翰胡曰
諜輅之余從之乘而俘以下欲遣輕兵單進以距鄭伯車前而自後登其車
以執之○〔茀〕府勿反〔翰〕音韓〔諜〕音牒〔輅〕五嫁反〔乘〕繩證反郤至曰傷國君有刑亦
止石首曰衛懿公唯不去其旗是以敗於熒乃內旌
於弢中熒戰在閔二年○〔去〕起呂反〔熒〕戶局反唐苟謂石首曰子在君

側敗者壹大我不如子子以君免我請止乃死敗者壹大謂軍大崩也言石首亦君之親臣而執御與車右不同故首當御君以退己當死戰楚師薄於險薄迫也叔山冉謂養由基曰雖君有命爲國故子必射王有死藝命○[冉]如琰反乃射再發盡殪叔山冉搏人以投中車折軾晉師乃止言二子皆有過人之能○[中]丁仲反[折]之設反又市列反囚楚公子茷爲郤至見譖張本○[茷]扶廢反欒鍼見子重之旌請曰楚人謂夫旌子重之麾也彼其子重也日臣之使於楚也子重問晉國之勇臣對曰好以衆整曰又何如又問其餘○[夫]音扶[好]呼報反下同臣對曰好以暇暇閑暇今兩國治戎行人不使不可謂整臨事而食言不可謂暇食好整之言請攝

飲焉。（攝，持也。持飲，往飲子重。○〔飲〕於鴆反。）公許之。使行人執榼承飲。
造于子重。（承，奉也。○〔榼〕苦臘反。〔造〕七報反。）曰。寡君乏使。使鍼御持矛。
（御，侍也。）是以不得犒從者。使某攝飲。子重曰。夫子嘗與
吾言於楚。必是故也。不亦識乎。（知其以往言好暇，故致飲。○〔從〕才用反。）
受而飲之。免使者而復鼓。（免，脫也。○〔復〕扶又反。）旦而戰。見星未
已。子反命軍吏察夷傷。（夷亦傷也。）補卒乘。（補死士。）繕甲兵。（繕治
也。）展車馬。（展，陳也。）雞鳴而食。唯命是聽。（復欲戰。）晉人患之。
苗賁皇徇曰。蒐乘補卒。（蒐，閱也。）秣馬利兵。（秣，穀馬也。○〔秣〕音末。）脩
陳固列。（固，堅也。○〔陳〕直覲反，又如字。）蓐食申禱。（申，重也。）明日復戰。乃
逸楚囚。（逸，縱也。）王聞之。召子反謀。穀陽豎獻飲於子反。

子反醉而不能見。穀陽。子反內豎。王曰。天敗楚也。夫余不可以。待乃宵遁。晉入楚軍。三日穀。食楚粟三日。○〔夫〕音扶。范文子立於戎馬之前。曰。君幼。諸臣不佞。佞。才也。何以及此。君其戒之。戒勿驕。周書曰。惟命。不于常。有德之謂。周書。康誥。言勝無常。命惟德是與。楚師還。及瑕。瑕。楚地。王使謂子反曰。先大夫之覆師徒者。君不在。謂子玉敗城濮時。王不在軍。子無以爲過。不穀之罪也。子反再拜稽首。曰。君賜臣死。死且不朽。王引過。亦所以責子反。臣之卒實奔。臣之罪也。子重使謂子反曰。初隕師徒者。而亦聞之矣。盍圖之。聞子玉自殺。終二卿相惡。對曰。雖微先大夫有之。大夫命側。側敢不義。言以義命己。不敢不受。

側亡君師敢志其死王使止之弗及而卒戰之日齊國佐高無咎至于師無咎高固子衛侯出于衛公出于壞隤壞隤魯邑齊衛皆後非獨魯明晉以僑如故不見公○〔壞〕戶怪反一音懷〔隤〕徒回反宣伯通於穆姜穆姜成公母欲去季孟而取其室季文子孟獻子○〔去〕起呂反將行穆姜送公而使逐二子公以晉難告會晉伐鄭○〔難〕乃旦反曰請反而聽命姜怒公子偃公子鉏趨過二子公庶弟指之曰女不可是皆君也言欲廢公更立君○〔女〕音汝公待於壞隤申宮儆備申勑宮備設守而後行是以後後晉楚戰期使孟獻子守于公宮秋會于沙隨謀伐鄭也鄭猶未服宣伯使告郤犨曰魯侯待于壞隤以待勝者觀晉楚之勝負郤犨將

新軍。且爲公族大夫。以主東諸侯。主齊魯之屬。取貨于宣伯。而訴公于晉侯。訴譖也。晉侯不見公。曹人請于晉曰。自我先君宣公卽世。在十三年。國人曰。若之何憂猶未弭。弭息也。既葬。國人皆將從子臧。所謂憂未息。而又討我寡君。前年晉侯執曹伯。以亡曹國社稷之鎮公子。謂子臧逃奔宋。是大泯曹也。泯滅也。先君無乃有罪乎。言今君無罪而見討。得無以先君故。若有罪則君列諸會矣。諸侯雖有篡弒之罪。侯伯已與之會。則不復討。前年會于戚。曹伯在列。盟畢乃執之。故曹人以爲無罪。○〔篡〕初患反。君唯不遺德刑。遺失也。以伯諸侯。豈獨遺諸敝邑。敢私布之。爲曹伯歸不以名告傳。○〔伯〕如字。七月。公會尹武公。及諸侯伐鄭。將行。姜又命公如初。復欲使公逐季孟。公又申守而行。諸侯之師次于鄭西。我師次于督揚。不敢過鄭。（督揚，鄭東地。○〔守〕手又反。）子叔聲伯使叔孫豹請逆于晉師。（豹，叔孫僑如弟也。僑如於是遂作亂，豹因奔齊。）為食於鄭郊。師逆以至。（聲伯戒叔孫以必須所逆晉師至，乃食。）聲伯四日不食以待之。食使者。（使者，豹之介。○〔食〕使音嗣。）而後食。（言其忠也。）諸侯還于制田。（滎陽宛陵縣東有制澤。）知武子佐下軍。（武子，荀罃。）以諸侯之師侵陳至于鳴鹿。（陳國武平縣西南有鹿邑。）遂侵蔡。未反。（侵陳蔡不書，公不與。）諸侯還于潁上。戊午。鄭子罕宵軍之。宋齊衛皆失軍。（將主與軍相失。宋衛不書，後也。）曹人復請于晉。晉侯謂子臧。反吾歸而君。（以曹人重子臧故。）子臧反。曹伯歸。（子臧自宋還。）子臧盡致其邑與卿而不出。（不出仕。）宣伯使告郤犨曰。魯之有季孟。猶晉之有欒范也。政令於是乎成。今其謀曰。晉政多門。不可從也。政不由君。寧事齊楚。有亡而已。蔑從晉矣。蔑，無也。若欲得志於魯。請止行父而殺之。行父，季文子也。我斃蔑也。蔑，孟獻子，時留守公宮。而事晉蔑有貳矣。魯不貳。小國必睦。不然。歸必叛矣。九月。晉人執季文子于苕丘。公還。待于鄆。鄆，魯西邑。東郡廩丘縣東有鄆城。○廩〔廩〕力甚反。使子叔聲伯請季孫于晉。郤犨曰。苟去仲孫蔑而止季孫行父。吾與子國。親於公室。親魯甚於晉公室。○〔去〕起呂反。對曰。僑如之情。子必聞之矣。聞其淫慝。若去蔑與行父。是大弃魯國。而罪寡君也。若猶不弃。而惠徼周公之

福使寡君得事晉君則夫二人者魯國社稷之臣也
若朝亡之魯必夕亡以魯之密邇仇讎仇讎謂齊楚亡而
爲讎治之何及言魯屬齊楚則還爲晉讎郤犨曰吾爲子請邑對
曰嬰齊魯之常隸也隸賤官敢介大國以求厚焉介因也
承寡君之命以請承奉也若得所請吾子之賜多矣又
何求范文子謂欒武子曰季孫於魯相二君矣二君宣成
妾不衣帛馬不食粟可不謂忠乎信讒慝而棄忠良
若諸侯何子叔嬰齊奉君命無私不受郤犨請邑○[衣]於既反[食]舊如
字對上句應作嗣音謀國家不貳謂四日不食以堅事晉圖其身不忘其
君辭邑不食皆先君而後身若虛其請是棄善人也子其圖之乃

許魯平。赦季孫。冬十月。出叔孫僑如而盟之。僑如奔齊。（諸大夫共盟以僑如爲戒。）十二月。季孫及郤犨盟于扈。歸。刺公子偃。（偃與鉏俱爲姜所指而獨殺偃。偃與謀。）召叔孫豹于齊而立之。（近此七月。聲伯使豹請逆於晉。聞魯人將討僑如。豹乃辟其難。先奔齊。生二子。而魯乃召之。故襄二年豹始見經。傳於此因言其終。○難乃旦反。）齊聲孟子通僑如。（聲孟子。齊靈公母。宋女。）使立於高國之閒。（位比二卿。）僑如曰。不可以再罪。奔衛。亦閒於卿。（傳亦終言僑如之佞。）晉侯使郤至獻楚捷于周。與單襄公語。驟稱其伐。（伐。功也。）單子語諸大夫曰。溫季其亡乎。（溫季。郤至。）位於七人之下。（佐新軍。位在八。）而求掩其上。（稱己之伐。掩上功。）怨之所聚。亂之本也。多怨而階亂。何以在位。（怨爲亂階。）夏書

曰怨豈在明不見是圖（逸書也不見細微也）將慎其細也今而明之其可乎（言郤至顯稱己功所以明怨咎）

經十有七年春衛北宮括帥師侵鄭（括成公曾孫）夏公會尹子單子晉侯齊侯宋公衛侯曹伯邾人伐鄭（晉未能服鄭故假天子威周使二卿會之晉爲兵主而猶先尹單尊王命也單伯稱子蓋降爵）六月乙酉同盟于柯陵（柯陵鄭西地）秋公至自會（無傳）齊高無咎出奔莒九月辛丑用郊（無傳九月郊祭非禮明矣書用郊從史文）晉侯使荀罃來乞師（無傳將伐鄭）冬公會單子晉侯宋公衛侯曹伯齊人邾人伐鄭（鄭猶未服故）十有一月公至自伐鄭（無傳）壬申公孫嬰齊卒于貍脤（十一月無壬申日誤也貍脤闕○[脤]市軫反）十有二

月丁巳朔日有食之。無傳。邾子貜且卒。無傳。五同盟。○貜俱縛反。且子餘反。晉殺其大夫郤錡郤犫郤至。楚人滅舒庸。

傳十七年春王正月。鄭子駟侵晉虛滑。虛滑。晉二邑。滑故滑國。爲秦所滅。時屬晉。後屬周。○虛起居反。衛北宮括救晉侵鄭至于高氏。不書救。以侵告。高氏在陽翟縣西南。夏五月鄭大子髡頑侯獳爲質於楚。侯獳。鄭大夫。○髡苦門反。獳乃侯反。楚公子成公子寅戍鄭。公會尹武公單襄公及諸侯伐鄭。自戲童至于曲洧。今新汲縣治曲洧城。臨洧水。○戲許宜反。洧于軌反。晉范文子反自鄢陵。前年鄢陵戰還。使其祝宗祈死。祝宗。主祭祀祈禱者。曰君驕侈而克敵。是天益其疾也。難將作矣。愛我者唯祝我使我速死。無及於難。范氏之福也六月戊辰士燮卒傳言厲公無道故賢臣憂懼因禱自裁○[難]乃旦反[祝]之又反乙酉同盟于柯陵尋戚之盟也戚盟在十五年楚子重救鄭師于首止諸侯還畏楚強齊慶克通于聲孟子與婦人蒙衣乘輦而入于閎慶克慶封父蒙衣亦爲婦人服與婦人相冒閎巷門鮑牽見之以告國武子鮑牽鮑叔牙曾孫武子召慶克而謂之慶克久不出慚臥於家夫人所以怪之而告夫人曰國子讁我讁譴責也夫人怒國子相靈公以會會伐鄭高鮑處守高無咎鮑牽及還將至閉門而索客蒐索備姦人孟子訴之曰高鮑將不納君而立公子角國子知之角頃公子○[頃]音傾秋七月壬寅刖鮑牽而逐高無咎無咎奔莒高弱以盧叛弱無

咎子，盧，高氏邑。齊人來召鮑國而立之。鮑國，牽之弟文子。初鮑國去鮑氏而來爲施孝叔臣施氏卜宰匡句須吉卜立家宰。○[句]其俱反。施氏之宰有百室之邑與匡句須邑使爲宰以讓鮑國而致邑焉施孝叔曰子實吉對曰能與忠良吉孰大焉鮑國相施氏忠故齊人取以爲鮑氏後仲尼曰鮑莊子之知不如葵葵猶能衞其足葵傾葉向日，以蔽其根。言鮑牽居亂不能危行言孫。○[知]之義反。冬諸侯伐鄭前夏未得志故。十月庚午圍鄭楚公子申救鄭師于汝上十一月諸侯還不書圍，畏楚救，不成圍而還。初聲伯夢涉洹洹水出汲郡林慮縣，東北至魏郡長樂縣入清水。○[洹]音桓，今土俗音袁。[慮]力於反。[樂]音洛。或與己瓊瑰食之瓊，玉。瑰，珠也。食珠玉，含象。

〇[瓌]古回反。[含]戶暗反。泣而爲瓊瑰盈其懷。涙下化爲珠玉。滿其懷。從而歌之。曰。濟洹之水。贈我以瓊瑰。歸乎歸乎。瓊瑰盈吾懷乎。從。就也。夢中爲此歌。懼不敢占也。還自鄭。壬申。至于貍脤。而占之。曰。余恐死。故不敢占也。今衆繁而從余三年矣。無傷也。言之。之莫而卒。繁。猶多也。傳戒數占夢。〇[莫]音暮。[數]所角反。齊侯使崔杼爲大夫。使慶克佐之。帥師圍盧。討高弱。〇[杼]直呂反。國佐從諸侯圍鄭。以難請而歸。請於諸侯。[難]乃旦反。〇遂如盧師。殺慶克。以穀叛。疾克淫亂。故殺之。齊侯與之盟于徐關而復之。十二月。盧降。使國勝告難于晉。待命于清。勝。國佐子。使以高氏難告晉。齊欲討國佐。故留其子於外。清。陽平樂縣是。爲明年殺國佐傳。〇[降]戶江反。晉厲公侈多外嬖。外嬖，愛幸大夫。反自鄢陵。欲盡去羣大夫而立其左右。終如士燮言。胥童以胥克之廢也。怨郤氏。童，胥克之子。宣八年郤缺廢胥克。而嬖於厲公。郤錡奪夷陽五田。五亦嬖於厲公。郤犨與長魚矯爭田。執而梏之。梏，械也。與其父母妻子同一轅。繫之車轅。既矯亦嬖於厲公。欒書怨郤至以其不從己而敗楚師也。欲廢之。鄢陵戰，欒書欲固壘以郤至言楚有六閒取勝也。使楚公子茷告公曰。此戰也。郤至實召寡君。鄢陵戰，晉因公子茷以歸。以東師之未至也。齊魯衛之師。與軍帥之不具也。曰此必敗。荀罃佐下軍居守，郤犨將新軍乞師，故言不具。吾因奉孫周以事君。孫周，晉襄公曾孫，悼公。君，楚王也。公告欒書。書曰。其有焉。不然豈其死之不恤而受敵使乎（謂鄢陵戰時，楚子問郤至以弓。）君盍嘗使諸周而察之（嘗，試也。○〔使〕所吏反，又如字。）郤至聘于周，欒書使孫周見之，公使覘之，信（覘，何也。）遂怨郤至。厲公田，與婦人先殺而飲酒，後使大夫殺（傳言厲公無道，先婦人而後卿佐。）郤至奉豕（進之於公。）寺人孟張奪之（寺人，奄士。）郤至射而殺之。公曰：季子欺余（季子，郤至。公反以爲郤至奪孟張豕。○〔射〕食亦反。）厲公將作難，胥童曰：必先三郤，族大多怨，去大族不偪（不偪公室。○〔偪〕彼力反。）敵多怨有庸（討多怨者易有功。）公曰：然。郤氏聞之，郤錡欲攻公，曰：雖死，君必危。郤至曰：人所以立，信、知、勇也。信不叛君，知不害民，勇不作亂。失茲三者，其誰與我？死而

多怨。將安用之。言俱死無用多其怨咎。○〔知〕音智。下同。君實有臣而殺

之。其謂君何。我之有罪。吾死後矣。若殺不辜。將失其

民。欲安得乎。言不得安君位。待命而已。受君之祿。是以聚黨。

有黨而爭命。爭死命。罪孰大焉。傳言郤至無反心。壬午。胥童夷

羊五。帥甲八百。將攻郤氏。八百人。長魚矯請無用衆。公

使清沸魋助之。沸魋亦嬖人。○〔魋〕徒回反。抽戈結衽。衽裳際。而僞訟

者。僞與清沸魋訟。三郤將謀於榭。榭講武堂。矯以戈殺駒伯苦成

叔於其位。位所坐處也。駒伯郤錡。苦成叔郤犨。溫季曰。逃威也。遂趨。郤至

本意欲稟君命而死。今矯等不以君命而來。故欲逃。凶賊爲害。故曰威。言可畏也。或曰。長當爲藏。矯

及諸其車。以戈殺之。皆尸諸朝。陳其尸於朝。胥童以甲劫

欒書。中行偃。於朝。矯曰。不殺二子。憂必及君。公曰。一朝而尸三卿。余不忍益也。對曰。人將忍君。人謂書與偃。臣聞亂在外爲姦。在內爲軌御姦以德。德綏遠。○〔御〕魚呂反。下同。御軌以刑。刑治近。不施而殺。不可謂德。臣偪而不討。不可。謂刑。德刑不立。姦軌竝至。臣請行。遂出奔狄。行，去也。○〔施〕如字。或式豉反。公使辭於二子辭謝書與偃。曰。寡人有討於郤氏。郤氏既伏其辜矣。大夫無辱。其復職位。胥童劫而執之。故云辱。皆再拜稽首曰。君討有罪。而免臣於死。君之惠也。二臣雖死。敢忘君德。乃皆歸。公使胥童爲卿。公遊于匠麗氏。匠麗，嬖大夫家。欒書中行偃。遂執公焉。召士匄。士匄辭。

往。辭不

召韓厥韓厥辭曰昔吾畜於趙氏孟姬之讒吾能違兵畜養也違去也韓厥少爲趙盾所待養及孟姬之亂晉將討趙氏而厥去其兵示不與黨言此者明己無所偏助孟姬亂在八年○[去]起呂反古人有言曰殺老牛莫之敢尸而況君乎二三子不能事君焉用厥也尸主也○[焉]於虔反

舒庸人以楚師之敗也敗於鄢陵舒庸東夷國道吳人圍巢伐駕圍釐虺巢駕釐虺楚四邑○[虺]以鬼反遂恃吳而不設備楚公子橐師襲舒庸滅之

閏月乙卯晦欒書中行偃殺胥童以其劫己故○[橐]他洛反民不與郤氏胥童道君爲亂故皆書曰晉殺其大夫厲公以私欲殺三郤而三郤死不以無罪書書偃以家怨害胥童而胥童受國討文明郤氏失民胥童道亂宜其爲國戮

經十有八年春王正月晉殺其大夫胥童傳在前年經在今春從告庚申晉弒其君州蒲不稱臣君無道齊殺其大夫國佐國武子公如晉夏楚子鄭伯伐宋宋魚石復入于彭城傳例曰以惡入也彭城宋邑今彭城縣○〔復〕扶又反公至自晉晉侯使士匄來聘秋杞伯來朝八月邾子來朝築鹿囿築牆為鹿苑己丑公薨于路寢冬楚人鄭人侵宋子重先遣輕軍侵宋故稱人而不言伐○〔輕〕遣政反晉侯使士魴來乞師○〔魴〕音房十有二月仲孫蔑會晉侯宋公衛侯邾子齊崔杼同盟于虛朾虛朾地闕○〔虛〕起居反〔朾〕他丁反丁未葬我君成公

傳十八年春王正月庚申晉欒書中行偃使程滑弒

厲公。程滑。晉大夫。葬之于翼東門之外。以車一乘。言不以君禮葬。諸侯葬車七乘。使荀罃士魴逆周子于京師而立之。悼公周。生十四年矣。大夫逆于清原。周子曰。孤始願不及此。雖及此。豈非天乎。言有命。抑人之求君。使出命也。立而不從。將安用君。二三子用我今日。否亦今日。共而從君。神之所福也。傳言其少有才。所以能自固。○〔少〕詩照反。對曰。羣臣之願也。敢不唯命是聽。庚午盟而入。與諸大夫盟。館于伯子同氏。晉大夫家。館舍也。辛巳朝于武宮。武公曲沃始命君。逐不臣者七人。夷羊五之屬。周子有兄而無慧。不能辨菽麥。故不可立。菽大豆也。豆麥殊形易別。故以爲癡者之候。不慧。蓋世所謂白癡。○〔菽〕音叔。齊爲慶氏之難。

前年國佐殺慶克。○〔爲〕于僞反。故甲申晦齊侯使士華免以戈殺國佐于內宮之朝。華免，齊大夫。內宮，夫人宮。師逃于夫人之宮。伏兵內宮，恐不勝。書曰齊殺其大夫國佐，弃命專殺以穀叛故也。國佐本疾淫亂，殺慶克，齊以是討之，嫌其罪不及死，故傳明言其三罪。使清人殺國勝。勝，國佐子。前年待命于清者。國弱來奔。弱，勝之弟。王湫奔萊。湫，國佐黨。○〔湫〕子小反。〔萊〕音來。慶封爲大夫，慶佐爲司寇。封、佐皆慶克子。既齊侯反國弱，使嗣國氏，禮也。佐之罪不及不祀。二月乙酉朔，晉悼公即位于朝。朝廟五日而即位也。厲公殺絶，故悼公不以嗣子居喪。○〔殺〕音弑。始命百官。始爲政。施舍已責。施恩惠，舍勞役，止逋責。○〔施〕舍如字，一始豉反。逮鰥寡。惠及微。振廢滯。起舊德。匡乏困，救災患。匡亦救也。禁淫慝，薄賦斂，宥罪戾。宥，寬也。○[戾]力計反。節器用。節，省也。時用民。使民以時。欲無犯時。不縱私欲。使魏相、士魴、魏頡、趙武爲卿。相，魏錡子。魴，士會子。頡，魏顆子。武，趙朔子。此四人，其父祖皆有勞於晉國。○[相]息亮反。[頡]戶結反。荀家、荀會、欒黶、韓無忌爲公族大夫，使訓卿之子弟共儉孝弟。無忌，韓厥子。○[弟]音悌。使士渥濁爲大傅，使脩范武子之法。渥濁，士貞子。武子爲景公大傅。右行辛爲司空，使脩士蔿之法。辛將右行，因以爲氏。士蔿，獻公司空也。弁糾御戎，校正屬焉。弁糾，欒糾也。校正，主馬官。○[弁]皮彥反。[校]戶孝反。使訓諸御知義。戎士尚節義。荀賓爲右，司士屬焉。司士，車右之官。使訓勇力之士時使。勇力，皆車右也。勇力多不順命，故訓之以共時之使。○[共]音恭。卿無共御，立軍尉以攝之。省卿戎御，令軍尉攝御而已。祁奚爲中軍

尉羊舌職佐之魏絳爲司馬魏絳魏犨子也張老爲候奄鐸遏
寇爲上軍尉籍偃爲之司馬偃籍談父爲上軍司馬○[遏]於葛反又音謁
使訓卒乘親以聽命相親以聽上命程鄭爲乘馬御六騶屬
焉使訓羣騶知禮程鄭荀氏別族乘馬御乘車之僕也六騶六閑之騶周禮諸侯有六
閑馬乘車尚禮容故訓羣騶使知禮○[騶]側留反凡六官之長皆民譽也大國
三卿晉時置六卿爲軍帥故揔舉六官則知羣官無非其人○[長]丁丈反舉不失職官不
易方官守其業無相踰易爵不踰德量德授爵師不陵正旅不偪師
正軍將命卿也師二千五百人之帥也旅五百人之帥也言上下有禮不相陵偪民無謗言
所以復霸也此以上通言悼公所行未必皆在卽位之年○[復]扶又反公如晉朝
嗣君也夏六月鄭伯侵宋及曹門外曹門宋城門遂會楚

子伐宋取朝郟楚子辛鄭皇辰侵城郜取幽丘同伐彭城朝郟城郜幽丘皆宋邑○取朝〔朝〕如字〔郟〕古洽反〔郜〕古報反納宋魚石向爲人鱗朱向帶魚府焉五子以十五年出奔楚獨書魚石爲帥告以三百乘戍之而還書曰復入惡其依阻大國以兵威還故書復入凡去其國國逆而立之曰入謂本無位紹繼而立復其位曰復歸亦國逆○〔復歸〕音服一扶又反諸侯納之曰歸謂諸侯以言語告請而納之有位無位皆曰歸以惡曰復入謂身爲戎首稱兵入伐害國殄民者也此四條所以明外內之援辨逆順之辭通君臣取國有家之大閲○〔復〕扶又反宋人患之西鉏吾曰何也西鉏吾宋大夫○〔吾〕音魚若楚人與吾同惡以德於我吾固事之也不敢貳矣惡謂魚石大國無厭鄙我猶憾言己事之則以我爲鄙邑猶恨不足此吾患也○〔厭〕於鹽

反不然而收吾憎使贊其政謂不同惡魚石而用之使佐政以閑吾釁亦吾患也今將崇諸侯之姦而披其地崇長也謂楚今取彭城以封魚石披猶分也○[閱]如字又去聲[披]普彼反[長]丁丈反以塞夷庚夷庚吳晉往來之要道楚封魚石於彭城欲以絕吳晉之道逞姦而攜服毒諸侯而懼吳晉隔吳晉之道故懼攜離也吾庸多矣非吾憂也且事晉何爲晉必恤之言宋常事晉何爲顧有此患難公至自晉晉范宣子來聘且拜朝也拜謝公朝君子謂晉於是乎有禮有卑讓之禮秋杞桓公來朝勞公且問晉故公以晉君語之語其德政○[勞]力報反[語]魚據反杞伯於是驟朝于晉而請爲昏爲平公不徹樂張本七月宋老佐華喜圍彭城老佐卒焉言所以不克彭城八月邾宣公

來朝。即位而來見也。○[見]賢遍反。築鹿囿。書不時也。非土功時。己丑。公薨于路寢。言道也。在路寢。得君薨之道。冬。十一月。楚子重救彭城。伐宋。使偏師與鄭人侵宋。子重為後鎮。宋華元如晉告急。韓獻子為政。於是欒書卒。韓厥代將中軍。曰。欲求得人。必先勤之。勤恤其急。成霸安彊。自宋始矣。晉侯師于台谷以救宋。台谷。地闕。○[台]勑才反。一音臺。遇楚師於靡角之谷。楚師還。晉強也。靡角。宋地。晉士魴來乞師。將救宋。季文子問師數於臧武仲。武仲。宣叔之子。對曰。伐鄭之役。知伯實來。下軍之佐也。知伯。荀罃。今彘季亦佐下軍。彘季。士魴。[彘]直例反。○如伐鄭可也。伐鄭在十七年。事大國。無失班爵而加敬焉。禮也。從之。從武仲言。十二月。孟獻子會于虛朾。謀救宋也。宋人辭諸侯而請師以圍彭城。不敢煩諸侯。故但請其師。爲襄元年圍彭城傳。孟獻子請于諸侯而先歸會葬。丁未。葬我君成公。書順也。薨于路寢。五月而葬。國家安靜。世適承嗣。故日書順也。

春秋經傳集解成公下第十三

西元二〇二四年三月一日重製一版

春秋左氏傳杜氏集解 冊二（晉杜預集解）

平裝四冊基本定價貳仟貳佰元正
（郵運匯費另加）

發行人 張敏君
發行處 中華書局
臺北市內湖區舊宗路二段一八一巷八號五樓（5FL., No. 8, Lane 181, JIOU-TZUNG Rd., Sec 2, NEI HU, TAIPEI, 11494, TAIWAN）
客服電話：886-8797-8396
公司傳真：886-8797-8909
匯款帳戶：華南商業銀行西湖分行
179100026931
印刷：維中科技有限公司
海瑞印刷品有限公司

No. N0007-2

國家圖書館出版品預行編目(CIP)資料

春秋左氏傳杜氏集解/(晉)杜預集解. -- 重製一版. -- 臺北市：
中華書局, 2024.03
冊； 公分
ISBN 978-626-7349-06-9(全套：平裝)

1.CST: 左傳 2.CST: 注釋

621.732 113001476